有料不枯燥的世界史

共和国卷

詹乐麒 著

台海出版社

图书在版编目（CIP）数据

有料不枯燥的世界史 . 共和国卷 / 詹乐麒著 . -- 北京 : 台海出版社 , 2021.1
ISBN 978-7-5168-2520-4

Ⅰ . ①有… Ⅱ . ①詹… Ⅲ . ①世界史—通俗读物②共和国—政治制度—世界—通俗读物 Ⅳ . ① K109

中国版本图书馆 CIP 数据核字 (2020) 第 226455 号

有料不枯燥的世界史 . 共和国卷

著　　者：詹乐麒

出 版 人：蔡　旭　　　封面设计：异一设计
责任编辑：赵旭雯

出版发行：台海出版社
地　　址：北京市东城区景山东街 20 号　　邮政编码：100009
电　　话：010-64041652（发行，邮购）
传　　真：010-84045799（总编室）
网　　址：www.taimeng.org.cn/thcbs/default.htm
E - mail：thcbs@126.com

经　　销：全国各地新华书店
印　　刷：旭辉印务（天津）有限公司
本书如有破损、缺页、装订错误，请与本社联系调换

开　　本：710 毫米 ×1000 毫米　1/16
字　　数：182 千字　　印　　张：15.75
版　　次：2021 年 1 月第 1 版　　印　　次：2021 年 7 月第 1 次印刷
书　　号：ISBN 978-7-5168-2520-4

定　　价：58.00 元

目录

共和国卷一：

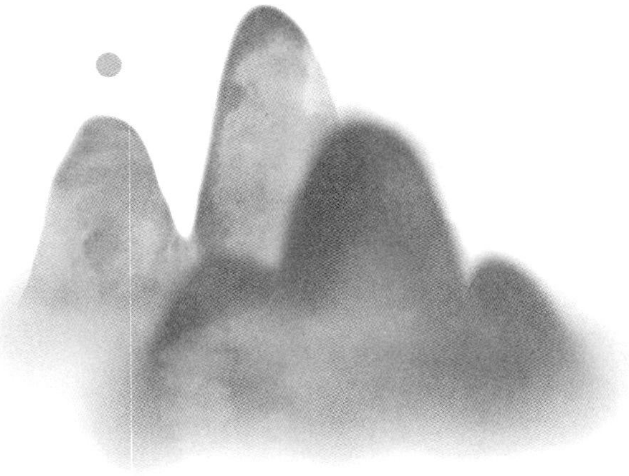

共和国之辉

在本书的开始，我们先来说一下“共和政体”的定义：

共和政体下的国家和政府是公共的，而非私人的，其政府是为公共利益而服务的。国家元首是由宪法确定并定期任命的，各级政权机关的领导并非继承、世袭，且不为命定的，而是由自由公正的选举产生。其职能是法定且有限的。

这是一个非常好理解的定义，且特别容易将其与“帝权”和“王权”区分开来。两个最大的标志性特征，其一是“不世袭”；其二是“非命定”。其中，“不世袭”意味着“民主”和“自由”；“非命定”意味着“探索”和“立命”。从这两点上来看，共和政体就是人类在唯物主义及自然科学道路上，奋勇向前的智慧结晶，更象征着人类社会自古以来，对美好和谐、公平公正的世界的向往。

如果说，“帝制”的代表是中国古代近三千年的封建王朝，那么“共和制”的基本模样就来自遥远的古希腊（再次强调：古希腊，不是国家，是地区）。

在遥远而古老的古希腊，那里的社会形态和我们的中国古代截然不同。在古希腊，那里是欧、亚、非三洲交界之所。那里河流阡陌交通，海湾怪岭四处林立。

我曾说过，我们中华民族起源于黄河流域上的冲积平原，那里土地肥沃、一马平川、物产丰富，生活在这一带的人们，长期一起耕种，一起生活。

可在古希腊，因其独特的地域原因，自远古时代起，很多时候，那一条河、一片海、一座山的两边，就是两个截然不同的民族。

直到他们可以跨过这些自然障碍前，他们的认知、资源还有活动空间，都是十分有限的。

也正因为如此，在这个特殊的地方，最先发展起来的，不是统一的聚集地，而是贸易。

停！大伙儿先把水瓶子放下，我知道你们要吐槽什么。公元前一千多年，哪儿来的贸易？

嗯，只要有人，有资源分布的不平等，有技术发展的不平衡，就会有贸易。（注：我这里说的“贸易”指的是最古老的简单物件交换，并非代表经济，更不代表货币。）打个比方，我家祖上住河边，能种地、打鱼、采集淡水；你家住山里，能打猎、制皮；他家住海边，能扎个竹排子下水划行和制盐。我拿我的鱼、淡水和地里的作物跟你山里的猎物和皮，还有他的竹排子和盐做交换。

这就是我说的“贸易”。

因为古希腊这个三洲交界地区的地形十分多样而复杂，导致这里的人最先学会的是谈判交涉。即我有你要的，你有我要的，咱俩谈谈好，如何互换资源。

既然是通过谈判各取所需，那自然谈判的双方就要互相尊重、好聚好散。彼此都要抒发自己的看法和意见且要学会聆听对方的话语，然后才能达成共识，完成这个交易。

这样谈判来交涉去进行了百来年，就成了日后现在被大书特书的民主。其起源，就是在各自资源不平等的情况下，尽力为了平等而做出的一系列交换和妥协的动作。

就这样，古希腊的人们从这种简单的“互换”资源开始，不断地发展进步，进而到了复杂的、多元的资源交换。在这几百年的“交换”中，几个相邻的经常互相“交换”物资的小集体们，建立起了彼此信任的关系。之后，他们团结起来，形成一个地区势力。再然后，一个地区势力开始和另一个地区势力谈判、交涉，以达到可以交换彼此缺少的物资的目的。

在这期间，偶尔也会出现些不和谐的小集体，他们开始崇尚武力，妄图用蛮力去夺取物资。每当出现这种不讲道理的暴力团伙时，其余“守规矩”的地区的人，就会团结起来，一同制裁这个暴力团伙，从资源上，对他们进行封锁；从人力上，对他们进行打击；从交涉上，对他们发动谴责。

在那个大家位移全靠走、通信基本靠吼、发热取暖还得抖，物资又不是那么平均而丰富的时代，这样的制裁可以说是绝对致命的。

在出现了零星的几次不和谐波动后，整个古希腊地区的各族关系又归于平静，大家每天依然都是在辛勤地劳作和频繁地贸易。

那么，这样就能达到爱与和平了吗？显然不是，要知道“贸易”可不是万能的。尤其是此时的贸易，那不过是双方你来我往，互相致敬谈判后做出来的一个互相妥协的决定罢了。这个在哪儿都一样，有买卖就一定会有要小动作的卖家和特别能刁难人的买家。一说起谈判，那强势的人肯定就是要欺负弱势的人。弱势的人不服，就会使阴的，最后引发一系列危害社会和谐的冲突。

所以，有冲突，就必须要解决冲突。可是，像包拯、海瑞还有狄仁杰这种级别的神探，基本都诞生在华夏大地。即便是在咱国家，那也从来都是可遇而不可求的。

什么，你说福尔摩斯？不好意思，这你可得去好好问柯南·道尔要版权。

神探是求不来的了，可日子还是要过的，冲突依然是必须解决的，没有神探，也是一定要公平断案的。

那，要怎么个断法呢？

投票……

没错，我真的没写错，就是投票。当然，这个投票肯定是不可能像粉丝投明星那样简单粗暴的投票啦！这种投票，一般要经过一个仪式。

首先，冲突的两人必须请出四方区域里每一家的家主（绝对不能是奴隶）。这个家主可不好当，他首先必须要有自己的产业，比如地、鱼塘、工坊之类用来做发言的担保。

在这些家主的见证下，这两人要各自为自己辩护发言。席间，家主可以随时向这两人提问。最后，在公证人的见证下，所有的家主才开始投票决定。

别忙！关于这个投票，还有最后一道保险，专门用来对付那些滥用自己投票权的刺头。在某些需要全票通过才能推进的仪式中，如果刚好就有那么一两个人，非要来来回回投个反对票膈应人，那么其余的人可以针对这一两个人，发起一轮投票。

投什么呢？投要不要把这一两个不和谐人员给放逐了。此时，只要票数超过三分之二，不好意思，这俩人就会被从这些个区域里赶出去过野外求生。

顺便一说，“家主”这个词，到后来就升级成了另一个高大上的称号——“公民”。

于是，在这样层层的制约下，虽说每一家都有自己的权力，都可以发表自己的看法，但家家也因此形成了有效的互相制约。其结论就是，在谁说什么做什么都可以的同时，谁说什么做什么也都不可以。

在这样的机制下，各个区域里的部族们，开始不断地发展、壮大、探索、谈判、联合，然后再发展、再壮大、再探索、再谈判、再联合。原本散落在这三洲交界中的各区各族的人们，开始慢慢地融合在了一起。

人，越来越多；地，越来越大；种族的多样性，越来越丰富。当然，引发冲突的原因也开始变得越来越复杂细腻。

在这里，人们通过一次又一次的投票，一次又一次的思考，一次又一次的论证雄辩。在不断的摸索中，开始陆陆续续地订下一系列的“规矩”。

于是，就有了公民大会、议会、公开辩论。

是的，这就是欧洲法律的雏形。有意思的是，中国古代的法律源自家法和秩序；而欧洲的法律则是源自用一次又一次的投票结果，以及对投票后事态发展进行总结而得出来的妥协规律。

而这，就是最早希腊城邦的雏形。古希腊最伟大的哲学家柏拉图称其为“古典混合均衡政体”。

这个名字有点绕，还很长。那就让我们来用它的另一个名字吧——古典共和。

共和国卷二：

古典共和与古罗马

在这一章正式开始前，请允许我把“共和政体”的定义，再在这里啰唆地重复一次：共和政体下的国家和政府是公共的，而非私人的，其政府是为公共利益而服务的。国家元首是由宪法确定并定期任命的，各级政权机关的领导并非继承、世袭，且不为命定的，而是由自由公正的选举产生。其职能是法定且有限的。

以此，我们引出了在希腊地区最早出现的共和政体形式，即“古典混合均衡政体”，又称“古典共和”。

而在往期不少文章中，我都有指出，在人类古历史中，最能代表“古典共和”这个政体的国家，是古罗马。而每当说到这里的时候，我都会不断地强调，罗马不是“帝制”。

虽然说，在我们过往的经验里，说起来、听到的，都是罗马帝国，但这里，我再一次确定地告诉大家，罗马并非帝国。因此，恺撒也不是什么大帝。

那他是什么？别急，且容我来给各位慢慢说来。这一次，我要改变一下我的说法，不再像以前那样，从建国、从罗马城郊的狼传说说起。

我们就从“他”开始说。

欧洲罗马共和国，一位身材高大，面容俊朗的青壮年，来到了首都罗马的元老议会堂。不久后，他便以超凡脱俗的魅力，挥金如土的慷慨，口若悬河的辩才，疾恶如仇的胸怀，赢得了全罗马所有将军、元老、公民、执政官、吟游诗人们的拥戴。他先后担任了财务官、督造官、大祭祀等职务。不到十年，他就被任命为西班牙行省长官，并在那里组建了一支军队。

他身为罗马元老院钦点的执政官、将军，却与士兵同饥寒共酷暑。一次，他劳累过度，身患热病，被士兵抬在担架上，但仍与队伍继续前进，就凭这支队伍他征服了一直拒绝称臣的路西塔尼亚人、加莱亚人、色雷斯人和高卢人。

从西班牙归来后，他又临危受命，以个人的魅力，统一了纷争不断的元老院，并迅速调集了全国大军扑灭了罗马人的噩梦——斯巴达克斯。

他扩大了罗马的统治地域，并改革内政，取消不合理的租税，使整个罗马的形式大为好转。

是的，这位伟大英明，卓绝睿智的执政官，就是盖乌斯·尤利乌斯·恺撒。我们口中常说的恺撒大帝。

就像我一再强调的，古罗马是共和制，并非帝制，所以恺撒大帝也并非是“皇帝”。而“恺撒”之所以被称为“大帝”，是因为在后来的近代英文词汇里，“皇帝”之名“Emperor”确是来源于此。在恺撒大胜归来之后，元老院赠予他一个前无古人、后无来者（真有且只有一个）的头衔“Imperator”，即英白拉多。

恺撒当政后，深知罗马共和国的政治制度已经走到了一个节点上。

他知道罗马共和国的执政联盟早已腐败臃肿不堪，所谓元老院已经成为罗马的绊脚石。在这个节点上，罗马需要的是一个拥有绝对权力的统治者，而绝不能再这样啰里啰唆地放任元老院民主下去了。

于是，恺撒一上位，就立刻加强中央集权，巩固统治基础，以摧枯拉朽的方式破坏了旧的贵族共和体制，把军政大权集中于一身，把延续了几百年的共和制政体中的各项决策权，全部揽到了自己手中。将整个罗马共和国引向君主独裁制。

其次，恺撒开始逐步废除旧罗马作为一个城邦霸国所遗留下来的种种特权，把意大利（并非今天的意大利，而是指一个地区，意大利行省）中各城镇的地位提高到和罗马城相等，把各行省的地位提高到和意大利相等，并且把公民权陆续给予罗马的各个行省，使整个罗马的统治集团基础更加坚固。

最后，恺撒颁布了反对行省官员勒索的法令，扩大授予罗马公民权的范围，建立退役老兵殖民地，实行自治市法，增设高级官职等。此外，他废除了旧罗马历，并凭借自己超人的智商，完成了一项影响世界至今的壮举！他将一年划分为十二个月，大小月交替。不仅如此，恺撒还精确地算出了每一年的实际长短前后有所差距，于是，他定每四年为一闰年，平年365日，闰年366日，为在当年二月底增加一闰日，年平均长度为365.25日，称《儒略历》。

没错，这就是我们中国人说的“阳历”的起源。

同时，作为军事统帅，恺撒善于并用政治手段与军事手段，分化瓦解和各个歼灭敌人；重视骑兵的作用，强调步骑兵协同作战；在兵力部署上建立了预备队，增大了战斗队形的纵深和稳定性。

公元前44年2月，为拯救卡莱会战中被俘虏的九千名罗马士兵，恺撒宣布将远征帕提亚。在誓师大会上，在罗马公民们疯狂欢呼中，仅在恺撒一人之下的另一位执政官安东尼，将花环献给恺撒，以示必胜的祝福。

然而，在恺撒看不见的光芒背后，一个阴谋在暗影中迅速凝聚成形……

恺撒自上位以来的一系列举动，严重动摇了元老院成员的利益，尤其是当恺撒极力显现出，要把罗马从奴隶制联邦国家，变成一个中央集权的君主独裁制国家的决心时，他彻底与元老院决裂了。

炸药已埋好、焦油已铺上，就差那点儿火星了。

公元前44年3月，火星出现。一位乞丐（一说是巫师、占星者）出现在罗马城的街头（很有可能是事先密谋好的），开始散布预言说："只有真正的王者才能征服帕提亚。"

于是，一场扑朔迷离的、极富有戏剧性的、被各种神话了的、争论了千年仍然没有一个确定结论的谋杀出现了。

公元前44年3月15日，正当恺撒穿上象征着所有罗马执政官之首、拥有至高无上权力的英白拉多紫金色长袍，走进元老院，登上黄金宝座的时候，一位名叫布鲁图的、他曾经的手下，忽然靠近恺撒，并用一把匕首刺穿了恺撒的心脏。接着，元老院里的元老们纷纷一拥而上，连捅恺撒二十三刀。这位伟大的政治家，当场死亡。

然而，出乎元老院预料的是，当布鲁图提着血淋淋的恺撒尸首走出元老院的时候，迎面而来的罗马公民并非如元老院所想象的那样欢呼雀跃，而是满脸冷漠阴沉，甚至还带着少许仇恨。

很快，恺撒最喜爱的养子屋大维联合了恺撒最坚决的支持者安东尼，以及恺撒最强的第九军团团长雷必达将军一起，组成罗马三巨头。从意大利起兵，发布“公敌宣告”，并一路反攻进罗马元老院。

这一仗被吟游诗人们吹得天花乱坠，而实际上，它就像当年武王伐纣时的牧野之战一样，全罗马公民们都在支持着屋大维一行人。他们仅仅用了一年的时间，就打进了罗马的元老院，逼得布鲁图为首的谋害恺撒派的元老们全体自杀。

最终，在罗马公民呼喝的浪潮声中，在屋大维、安东尼和雷必达锋利的刀剑之下，元老院被迫召开罗马公民大会。在这场大会上，屋大维、安东尼和雷必达被推举为三头政治同盟议会，授权同盟颁布法令和任命高级官员，史称后三头同盟。

然而，经过多年内战后的罗马，几乎成了没有法律的国家。扫除一切障碍后的屋大维决定重建罗马。他首先解散了自己的军队，进行公开选举。结果毫无疑问，屋大维以压倒性的票数当选了最高行政官。接着，他在广场上演讲，表示要还政元老院并将整个埃及的治理权拱手送出。对此，早就被吓坏了的元老院不仅惶恐地拒绝了他的请求，还授予他对西班牙、高卢、叙利亚的统治权——此为罗马最富的三个省。最后，元老院授予屋大维“奥古斯都”（Augustus）的称号，在古罗马的语言中，这个词由“威权”（auctoritas）和“视者”（augur）相结合而成。

不久后，屋大维还被确认为终身保民官、宗教事务中的大祭祀长，并获得了“国父”“大元帅”等崇高的荣誉。然而，屋大维却依然十分谦虚地称自己为罗马的“第一公民”。这个“第一公民”的称号，在后来近现代的世界里，就是国家元首的意思。

最后，在屋大维的带领下，古罗马走上了这段历史的巅峰，其文化之灿烂、疆土之宽广、社会之富裕，堪比同时期我们中国的大汉朝。

好了，现在我们仔细回想一下“帝国卷”，大家有没有发现，在这段自恺撒至屋大维、罗马最为人津津乐道也是最辉煌的历史中，在国家统治阶层，有一个词，叫“元老院”，在不断频繁地出现？

是的，玄机就在这里。无论恺撒有多大的权，无论屋大维有多么受人敬仰，无论是伟大如“英白拉多”还是神圣如“奥古斯都”，说到底，屋大维和恺撒，他们都不是皇帝。古罗马名义上的终极领袖，还是元老院，决定权还是在公民的投票里面。就连这两人本身的权力来源，都是公民的选举。

于是，我们就来到了这篇文章最核心的部分，古典共和的代表，古罗马共和国的权力结构到底是怎样的呢？

我们在说屋大维的时候，有提到“后三头同盟”。有后，就自然有前。不过其实这个前后都无所谓……因为这个三头同盟指的其实并不是三个人，而是统治罗马的三大势力。

其一是元老院，又称百人队会议，全部由罗马的贵族和富人组成。所有关于罗马的重大法案更新和改变，都要先提案，然后再经元老院商议批准以后，才能推行下去。所以元老院是古罗马最高的实权机关。这百名终身制的元老是贵族势力的坚实堡垒，他们掌管着国库的运作和一切的对外事宜。

其二为执政官，设两名，掌管国内事务，指挥军队作战。一年一任，不得连任。由百人议会中选出。理论上说两个执政官的权力是平等的，然而实际上，他们的权力大小取决于他们手下有多少兵。在非常时期（比如斯巴达克斯起义），设独裁官（又称狄克推多）以代替执政官。不过独裁官的任期仅为半年。

其三是罗马公民。这里要注意了，罗马的公民不等同于我们概念里的人民。因为，罗马的公民是一个很难获得的称号。要做罗马公民，首先家里必须要有足够多的存米（超过一百石），要能独立制造武器，并且上阵去打仗（注：在古罗马，奴隶是没有权利去打仗的，他们只能自相残杀来取悦公民）。公民里面，一年一任设立保民官，初为两名，恺撒时期后，增至十名。此官职是为保护公民的利益而设的，凡是不利于公民利益的行为、法令等，保民官都有权力予以否决，保民官的人身与其否决权神圣而不可侵犯，其权力以后又进一步扩大。

这里展开来说一个有意思的事情。在罗马的子民体系里面，一共分为三等人，第一等是公民，第二等是平民，第三等是奴隶。在一种特殊情况下，平民家庭也是可以为后代争取到公民权益的，这种情况就是战功。如果拥有过人的战功，即便父母都是平民，他们的孩子会因为这份战功，而荣升罗马公民的阶层。

所以古罗马之强，并非因为他们的肉体坚不可摧，也并非因为他们比其他种族更加高大。古罗马的强大，古罗马的城墙，是由他们绝对忠贞的公民，手拉手拼死护卫的。古罗马的尊严，即是公民的生命。

这，才是罗马最为坚固的城墙，才是古罗马的护国柱石。

然而，这毕竟是人类社会最早最初最幼年期的古典政体。如此粗暴地直接把人民分为一二三等的制度，站在高度发达的当今社会遥望古罗马，显然古罗马的做法在漫长的人类历史中，是不成熟且较粗糙的。

果不其然，被压迫者的复仇很快就显现了。正当年轻的恺撒意气风发，手握大军，横扫希腊的时候。一个浑身浴血的角斗士，在罗马公民们的欢呼与鲜花中，踉踉跄跄走出斗技场，步履蹒跚地走进一家破旧的维纳斯酒吧。

没有人注意到，在他写满疲惫与伤疤的脸上，还有一双散发着璀璨光芒、直逼天上星辰之亮的蓝色眼睛。

共和国人物故事卷：

自由之翼

“有勇气的人，心中必然充满信念。没有诚实，哪来尊严。如果一个人能对着天上的事物沉思，那么在他面对人间的事物时，他的所说所想就会更加高尚。所谓困难越大，荣耀也越大，这就是我献给你们，在这伟大的国度里，最有前途的年轻人，最有前途的你们，最好的忠告：谦逊谨慎，多多思考！谢谢！”

古老的广场里爆发出了雷鸣般的掌声。在场的，所有罗马最年轻的公民们纷纷向演说者行礼致意。在广场的外围，罗马的平民们，也兴奋地朝演说者呼喊助威。即使在演说者已经还礼转身离去时，这喝彩声、掌声依然经久不绝，不曾停歇。

“吟游的诗人，马尔库斯·图利乌斯·西塞罗，请您留步。”

“马库斯·李锡尼·克拉苏。哦，年轻的议员阁下。真令人激动，看来我就要见到苏拉阁下了，快告诉我，是这样的吗？年轻的克拉苏。”

“相信我，诗人，您一定不会失望的。苏拉阁下将携美丽的新夫人范莱丽雅，会场上的名妓、艳丽的爱芙姬琵达，年轻的恺撒将军，以及威名赫赫的荷尔顿西乌斯提督一同出席。”

“这真令人惊叹！苏拉阁下这次竟然将这么多贵族聚集在一起，他真是位慷慨的公民！看来，今夜必将有狂欢！”

“是的。狂欢必将有助兴节目。那登场的，是苏拉亲手调教的斗士，他健硕强壮，高大威武，所向披靡，上一次，他甚至徒手猎杀了一头雄狮，当那个张牙舞爪的野兽倒下时，这位斗士的身上，甚至没有一丝划痕！诗人，明日清晨之前，在黄金斗技场，您的座位就在苏拉阁下后面的一排。请您一定准时赴约。”

“噢！角斗啊角斗，那是全罗马公民和平民都热爱的，最高尚的运动。是血与肉的碰撞，是赌局上解开盅骰时的痉挛激动。这样的场面，怎么能没有诗人呢？年轻的克拉苏，回去告诉伟大的苏拉阁下，罗马的诸神之父朱庇特在上！伟大的罗马之神马略在上！我，诗人马尔库斯·图利乌斯·西塞罗，一定准时赴约！”

黄金斗技场，它是由罗马开国者老泰尔克维尼乌斯建成，由击败阿庇奥尔、被誉为“骄傲的人”的泰尔克维尼乌斯，在战胜之后，为庆祝他的伟业，而加以大规模的扩建和装修的。

黄金斗技场，那是矗立在帕拉丁山和阿文丁山之间的莫尔西亚山谷中的一座巨大到惊人的建筑。它有两千一百八十罗马尺（一罗马尺等于三十厘米）长，九百九十八罗马尺宽，场内可以容纳十二万以上的观众。

它的形状几乎是椭圆形的。其东端是半圆形的，西端却是直线切下，横着一道连拱。那道连拱下，共拥有十三道巨大的拱门，而中间的那道拱门，就是斗技场主要的进出口，因此叫作正门。

在罗马人心中，角斗不仅仅是为了欢愉，它是娱乐，更是神圣的娱乐。每逢角斗开始前，都会有一个护神像的仪式，众祭司会护着罗马的众神像，从上文中的“正门”进场。

除正门外，其余的十二道拱门下的拱廊则分为“马厩”或者是“拱房”，其用处视情况而定。比如，当斗技场中举行战车比赛时，那儿是安置车马的地方；当场内举行罗马人最喜爱的流血角斗的表演时，那儿则是给角斗士休息和关猛兽的地方。在黄金斗技场那座巨大连拱下的半圆形的一排一排的石阶，就是观众的座位。这些石阶被许多梯级隔了开来，而观众就是循着这些梯级，去到座位上的。而这些梯级又与看台后面的许多梯级相连，罗马人可以循着它们下去，从周围的许多边门出场。

哦对了，就如同我们现在有专门的女性通道、女性车厢，在古罗马时期，在这黄金斗技场，就已经开始有了专门的女性看台。看台就在斗技场上方的圆柱拱廊里，那是罗马规定中，专门给妇女们享用的女性专属看台。

正门的对面建造了一道凯旋门，那是凯旋者进场的地方，但是在那座连拱的右面还有一道门，叫作死门。斗技场里的工役们，用长长的挠钩儿钩住那些已经被打死或者濒临死亡的可怜角斗士们的鲜血淋漓的残缺肢体，通过那道阴森森的门，把他们从斗技场上拖到场外去。

去场外哪儿？角斗士没有墓地，没有埋葬，只有死亡。

在那座巨型连拱的平顶上，还有一个平台，上面放着好些凳子。那是供给罗马最高贵的人的位置，如执政官们、贞女们还有元老们。但在其余的地方，就没有什么特定的或是分派给什么人享用的专座了。

在斗技场上，从那座连拱起，一直到凯旋门那儿，有一堵长约五百来步的矮墙，叫作“岭墙”。那是在战车比赛时用来测定距离的。墙的两端有几根小柱子，叫作“标柱”。在“岭墙”中间矗立着一座祭奠太阳的方尖塔，塔的两边分列着许多圆柱、祭坛和神的雕像，在那些神像中间有采莱斯和莫尔西亚的维纳斯的雕像。

这里插一句，罗马神话与希腊神话是非常相似的，且很多罗马神与希腊神的差别，只是差了一个名字。因此千年之后造成了不少误会。比如爱神维纳斯就是罗马神的名字，在希腊神话里面，她叫阿芙洛狄忒。

扯远了，让我们回到黄金斗技场。在斗技场角斗场地的四周，围着一道十八尺高的墙，那道堵叫作“护墙”。沿墙掘着一道深沟，沟里灌满了水，沟的外面还有道铁栏杆。这一切都是为了保护观众，以防观众受到那些在斗技场里张牙舞爪、咆哮逞凶的猛兽袭击。

这就是大名鼎鼎的黄金斗技场，历史中古罗马人看表演的地方。

此时，这座宏大的建筑物里，正挤满了可敬的罗马公民还有普通的平民。他们不时拿出从家里带来的食物送入嘴里咀嚼。罗马人的胃口很好，他们有的人爱吃咸肉，有的人则爱吃冷猪肉或者灌肠，也有一些人吃一种用凝乳和蜂蜜做馅的包子或者面包干。他们一边吃，一边开玩笑，讲着种种俏皮话。当然，也有不很文雅的挖苦话。他们喜欢这样无忧无虑地交谈，或是一边高声地哄笑，一边喝着葡萄酒：维里特拉酒、玛西古斯酒和杜斯古尔酒。

斗技场内，到处都有人在做热闹的买卖。卖煮豆子、煎饼和包子的小贩们，一会儿就把自己的货物都卖光了。因为这些平民们，总是会争先恐后地把这些价廉物美的食物买来款待自己的老婆和孩子。接着，自然咯，这些兴高采烈的顾客们不得不把卖葡萄酒的小贩喊过来，再把葡萄酒买空，以此消除由吃煮豆子而引起的口渴。其实，他们喝着的、满斟在杯子里的，是被丧尽良心的酒贩子当作杜斯古尔酒卖的酸葡萄酒。

这时，那些富人、骑士和贵族家庭里出来的人们，总是避开平民单独坐着。他们会故意显出一副令人注目的高贵气派，进行着快活的有声有色的谈话。不过更多时候，则是这样一句“不要碰我，我是罗马公民！”。于是在那些游手好闲的穷人们常干的五花八门的不费大力气的职业中，有一种特别的职业，那就是及早赶到公共娱乐场所，为有钱的公民和贵族占据最好的座位。当那些富豪和贵人们认为表演值得一看的时候，就乘马车到斗技场，付出三个或者四个塞斯太尔司，就可以获得安坐好位置的权利。

此刻，在这角斗日，象征着罗马所向无敌的鹰已经飞遍了全世界。黄金斗技场外不断有人急匆匆地赶来。这里的人数每小时、每分钟都在增加，在源源不断的人流中有平民、公民、骑士、贵族还有贵妇们。所有人的神情都是无忧无虑的，等待着角斗这个有趣而又愉快的娱乐。

“您好，‘幸福的人’，卢基乌斯·科尔内利乌斯·苏拉阁下，很荣幸能参加您的宴会。”

“西塞罗，希腊的雄辩家、诗人。”苏拉咳了咳他带着浓痰的嗓子，头也不回地说，“是我出钱使罗马市民接连狂宴三天，并享受种种娱乐。即便他们在心底里并不喜欢我，甚至厌恶。不过，好消息是，我知道，当他们端起酒杯的时候，嘴里唱出的赞歌，必然是送给我的。”

“哪里哪里，是您的慷慨，才使整个罗马如此繁荣雀跃。”

对于西塞罗的恭维，苏拉只是哼了一声。也就在此刻，忽然斗技场一阵兵荒马乱，紧接着的，是一轮此起彼伏的呼喊声：

“庞培万岁！葛涅乌斯·庞培万岁！伟大的庞培万岁！”

来者正是罗马的大元帅，庞培。他径直走到了那座连拱平顶上，在一群贞女的旁边坐了下来。这群把自己的一生奉献给贞节女神的纯洁女人，也聚集在这里，准备欣赏这一场她们所酷爱的流血表演。庞培用姿态优雅的鞠躬向民众答礼，接着把手贴向嘴唇频频抛吻，表示感激。

格涅乌斯·庞培大约二十八岁模样，他的身材非常高大，体格和战神赫克里斯一般结实魁梧。浓密的黑发罩住了他的大头，前额的额发生得很低很低，几乎和遮在他那对又大又黑、形状跟美丽的杏子差不多的眼睛上面的眉毛连到一块儿去了，但是，他的眼珠却不很灵活而且缺乏表情。他那粗犷的、线条分明的脸和强壮有力的身体，使人感到一种刚毅之美。当然，仔细观察过他脸部的人，一定会发觉：那张冷漠的脸，并不能使人对这位在二十年内跃登罗马共和国首位的人物，产生一种觉得他的思想和事业都很伟大的印象。令人难以置信的是，他二十五岁就已经成了一个凯旋者，从非洲得胜归来，而且获得了他的军团中所有兵士的爱戴。那些在恶劣的气候、种种危险和几十次战斗中锻炼出来的老兵，一致拥护他做大元帅。有时，甚至连苏拉本人，也会尊称庞培——这位目前唯一会威胁到他地位的人——为“伟大的人”庞培。而对庞培本人、对他的战功、事业和成就的评论如何，即使是在苏拉宴请全罗马的这一日，在庞培进入斗技场的这一刻，罗马民众的心一定是完全在他这一边的。

也许，罗马平民对庞培的这一特别显著的偏爱，多多少少可以用他们对苏拉的隐藏的憎恨来加以说明：他们没有可能通过别的途径来表示这一憎恨的感情，就不得不把它宣泄到那欢迎独裁者的年轻朋友的暴风雨一般的掌声和欢呼中去；因为庞培是在战功方面可以和苏拉匹敌的唯一的人。

“那么在您身边的这位美人，一定就是范莱丽雅夫人了吧？”

听到有人喊自己的名字，这位脸庞端正、皮肤姣好、前额宽阔、身材纤细的姑娘，缓缓转过身来，用一双黑亮亮的大眼睛，小心地打量着诗人。

“范莱丽雅，这就是你想见到的那位‘声名狼藉’的吟游诗人。你看，我总是能完美地满足你的一切要求。”苏拉一把拉住范莱丽雅的小手，轻声温柔地说道。终于他转过身来，向诗人示以微笑。

范莱丽雅先是一惊，她有一瞬间忽然睁大了眼睛，快速地扫过诗人的脸庞，然后她迅速地低下头，眼光落在拉着她的苏拉的手上，悄然掩盖住了脸上的一丝绯红。

西塞罗是何等聪明之人，他马上心领神会，向苏拉和范莱丽雅行礼，然后快步退到自己的座位上。此时刚好号角声响起，角斗，开始了。

一百名角斗士从拱门中列成两路整齐纵队走出。

走在最前面的第一对角斗士，是渔网角斗士和渔盔角斗士。按照传统，角斗表演必须由他们开始。在他们后面的是九个绳网角斗士和九个追击角斗士。绳网角斗士的手里拿着三齿叉和绳网，追击角斗士的武器则是盾牌和短剑。角斗的时候，绳网角斗士就是用这种绳网去捕捉追击角斗士，如果追击角斗士没有被网罩上，他们就可以追击逃开去的绳网角斗士。

在这九对人后面是六十个正式的角斗士。他们被分成三十人一队进行角斗。其中第一队三十个人的，都是色雷斯人。他们一手拿着弯曲的短剑，一手拿着不大的、前面略微隆起的正方形盾牌，他们的头上戴着没有面罩的头盔，上面飘着一对黑色的羽毛，身上穿着鲜红色的短衣。

另一队三十个人的，则都是沙姆尼特人。他们拿着笔直的短剑和很小的正方形盾牌，头顶着不大且有面罩和帽翼的头盔，上面飘着白色的羽毛，他们身着淡蓝色的短衣搭配铁制的护手，盖住了没有盾牌掩护的右手，最后是一片铁制的护膝，遮住了他们的左腿。

六十个角斗士，无论是色雷斯人还是沙姆尼特人，全都是由漂亮、身材魁梧、强壮而又勇敢、穿着自己本民族特色的服装的年轻人组成。而这场角斗，才是盛会的正菜，如同一场小规模的模仿真正战斗的演习一般。

行列的末尾是十对穿白短衣的蒙面角斗士；他们的武器只是短短的匕首，那与其说像短剑还不如说是普通的小刀。他们的头盔上附有一种不开眼的面罩，面罩上钻着些很不规则而且是很细小的望孔。因为头盔上的孔小而不规则，所以这二十个人将要进行的，是一场捉迷藏般的角斗。这是苏拉的角斗士顾问，阿克齐恩的主意，为的是让这些角斗士们可以长久地娱乐观众，引起一阵阵的哄笑，直到打手用烧红的铁条把他们赶到一块儿，使他们互相斗死才止。

虽然，在这百人纵队里，马上就要有人送命，但这百名角斗士们，还是成对的，在一边走一边轻声地交谈着。

仿佛他们上的是戏台，而不是斗技场。

就这样，一百个角斗士在观众的掌声与呼喊声中，绕场一周。然后他们来到了苏拉的座位下，整齐地抬起头来齐声高喊：

“伟大的苏拉，我们向您致敬！”

苏拉直了直臃肿的身子（这让人很难相信，如此老态臃肿的他就是那位和伟大的罗马之神马略一同征战四方，将罗马的辉煌推上一个新的高峰的执行官），拍着手向阿克齐恩和黄金斗技场的主管点头示意。然后，他拉过范莱丽雅的手说：“你看见那个走在色雷斯人队伍里最前排的角斗士了吗？”

范莱丽雅乖巧地点点头。

“他就是我说的，阿克齐恩害我用二十二个塞斯太尔斯（罗马金币）买来的角斗士，这里的王牌，曾经徒手杀死雄狮。”

范莱丽雅向那个角斗士望去，此时这一百名角斗士刚好列队来到了苏拉面前高呼致敬。而那位苏拉口中的、称为王牌的色雷斯角斗士，正好抬起头看向了苏拉。

英俊高大的色雷斯人的碧蓝色眼睛刚好对上了苏拉慵懒褶皱的眯眯眼。在这对视的瞬间，两人间顿时火星四溅。苏拉放声大笑，一改他往日高高在上的厌世态度，他坐直了身子，甚至拍起手来连声叫好。

“好！好！好！阿克齐恩果然没骗我，不然我一定要他倒霉。范莱丽雅，你觉得呢？”

范莱丽雅的眼神如流水一般扫过色雷斯人的脸庞。低声伏在苏拉耳边说：“伟大的苏拉，如果他能胜出，请您赦免他自由。”

“哦？”

“今天，是我的生日。”

“哈哈！好，那你就使劲像罗马的众神之王朱庇特祈祷，让他在路过凯旋门的时候，还在喘气吧！哈哈哈哈！”

……

夜晚，星星点灯，因浑身浴血而被遮住了英俊脸庞的色雷斯人角斗士，在罗马公民们的欢呼与鲜花中，踉踉跄跄地走出斗技场，步履蹒跚地走进一家破旧的维纳斯酒吧。

只是没有人注意到，在他写满疲惫与伤疤的脸上，还有一双散发着璀璨光芒、直逼天上星辰之亮的蓝色眼睛。

酒吧破旧得让人不可思议，就连门前维纳斯的画像，都是狰狞丑陋的。与其说她是维纳斯，不如说是极北之地的冥后海拉。

“无往不利的英雄，赫拉克勒斯之子，斯巴达克斯，我们，你曾经的朋友，向你举杯！庆祝你在今日，获得了诸神最吝啬的施舍，自由。”

斯巴达克斯接过酒杯，一饮而尽，眼神恍惚间回到了白天里的斗技场。

那场三十人对三十人的死斗！在观众们呼喝的追赶声中，色雷斯人的队伍很快就被击溃，只剩下了三个人，而沙姆尼特人，还剩下十一个。就在这样必死的局面中，斯巴达克斯让三位队友背靠背站成三角形，愣是坚持到了七个沙姆尼特人倒下，自己两个队友才相继阵亡。然后，他以一敌四，在斗技场上狂奔，最终逐一放倒了急于求胜的沙姆尼特人，赢得了胜利。

在全场高呼“自由”的喝彩中，斯巴达克斯一手按住还活着的最后一个沙姆尼特人的头，看向了苏拉。他看见苏拉身旁的一位美人似乎在他耳边低语了几句，随即苏拉大笑着点头，再然后就是全场再次地欢呼。

斯巴达克斯，自由了。而那个唯一幸存的沙姆尼特人，也得以活命，受到善待和治疗，直到下一次角斗。

“还有我，斯巴达克斯，让我拥抱你吧！如果不是你，我今天一定已经死了。因为你，我最终活了下来。让我敬你一杯吧！自由人，斯巴达克斯！”

斯巴达克斯接过沙姆尼特人的酒杯，一饮而尽。

“克利克萨斯，在上场前，我就答应过你，我的好朋友，好兄弟，我一定会救你的，现在我做到了！”

说完，两人紧紧地拥抱在一起。周围的角斗士全部举起了酒杯，高呼：“致敬，伟大的自由人，斯巴达克斯！嘿！”

斯巴达克斯沉默了，他轻轻地放开克利克萨斯，没有回应其余的角斗士。

“嘿，斯巴达克斯，怎么了？不用担心我们，你自由了，大伙儿都很开心。我们中间，终于出了一个自由人了，这是我们的好运……”

“我并没有！”斯巴达克斯忽然怒吼一声，“我们是奴隶，是角斗士，此时是，一辈子都是。我没有获得自由，这根本不是自由。只要罗马拴住奴隶的锁链，一刻不被砸碎，我，我们就一刻不会自由！”

整个酒吧都安静了下来，就连年老的店员婆婆都停下了手里的活儿。所有的角斗士都在向斯巴达克斯沉默地靠拢，将他围在中间。其中有些离得近的人，伸出手，搭在了斯巴达克斯的肩上。

这是角斗士们互相示意友好和安慰的动作。

良久，斯巴达克斯在众角斗士的簇拥下爬上了一张桌子，他举起了酒杯，高呼：“敬，自由！”

“自由万岁！自由万岁！”

……

星夜，黄金斗技场的火焰还未散去，斯巴达克斯顶着一件斗篷缓缓走向住处。苏拉的顾问，阿克齐恩为他准备了一间干净的房间，让他作为角斗士老师，而继续在他曾经服劳役的角斗士训练场工作。

“斯巴达克斯。”

斯巴达克斯抬起头，在皎洁的月光下，在他面前，是一位年纪比他稍小的，高大俊朗的少年。

“盖乌斯·尤利乌斯·恺撒。”

少年点点头，似乎并不为一介角斗士知道自己的名字而感到惊讶。

“不错的演说，在酒馆外，我都听见了。”

“你想做什么？”

“我想找你聊聊。”

“难道不是立刻去元老院举报我，让我这个自由人立刻回到角斗士的行列中？”

“那样毫无意义，而且我也不想和那些愚蠢的山羊过多废话。”

“你想怎么样？”

“选择加入我，斯巴达克斯。”

“如果我说不呢？”

“做我的将军，你知道的，这是唯一能帮到你族人的方式。”

“去以一个自由人的身份，成为罗马骄傲的战士？”

“斯巴达克斯！”

斯巴达克斯没有说话，他向着少年径直走了过去。在星月交汇的光芒下，两个影子相对着，逐渐拖长。

“斯巴达克斯，我不想在战场上见到你。”

“谢谢，我也一样，恺撒。”

就这样，斯巴达克斯的身影，消失在了群星之光背后的阴影中。

“我们还会再见面，勇敢的角斗士。”恺撒抬起头来，摘去兜帽，望向苏拉宅邸的方向。然后也快步消失在了皎月之光的闪耀之中。

共和国人物故事卷：

红黑之影

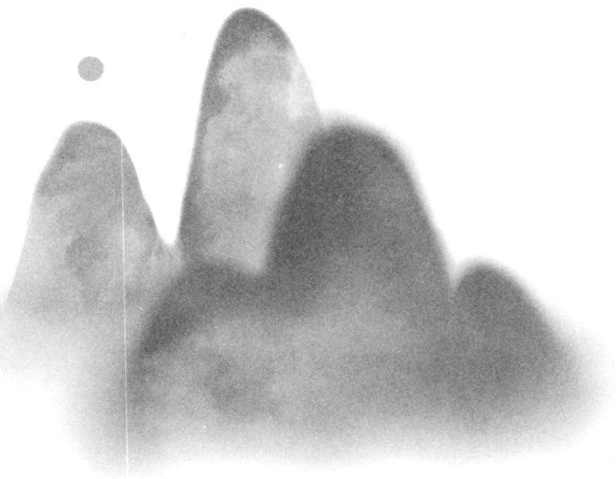

“你是应当获得自由的，不可战胜的斯巴达克斯！”

“你是？卡提林纳？ 哦，那位大名鼎鼎的，在罗马唯一会为我们发言的卡提林纳吗？欢迎你！是什么好心的女神，我们的保护者，使我们有这个光荣，在这样的辰光而且在这样的地方看到你？”

“我就是来找你的，不可战胜的斯巴达克斯！”

“找我？”

“对啊，我正是在找你。感谢诸神之父朱庇特的雷火之光，让我找到了你，刚毅而又勇敢的斯巴达克斯！苏拉虽然给了你自由，你也配获得它。可是直到如今，你还没有一笔能够让你在找到工作以前过活的钱。”

“啊，高贵的卡提林纳，谢谢你的好意！可是我没有这个权利而且也不能接受你送我的钱。我可以在我以前的角斗士老板的学校里教摔跤、体操和剑术，我相信我是可以用自己的劳力糊口的。”

“不！勇敢的斯巴达克斯，你并不了解情况。因为你的勇敢，使我在黄金斗技场的赌赛中赢了格涅乌斯一万多塞斯太尔司，我找你就是要把赌赢的钱送一部分给你。这是应当属于你的。如果说，我是在拿自己的钱冒险，那你在那整整两个钟点内，就是拿你自己的生命在冒险了！”

“卡提林纳，我……我有些不习惯。”

“哦！英勇的斯巴达克斯啊！请容我再说一遍，这并不是别人赠送的钱，而是你自己挣来的，是属于你的。这是在我赢来的钱中，应当属于你的一份。”

“好吧……亲爱的……卡提林纳，我实在是太激动了，你的好意更使我太窘了。哦高贵的卡提林纳啊，对不起，我现在还不能很好地表达……呃，接受你的好意。明天清晨，如果你允许的话，我一定到你的府上去拜访你，表示我深切的谢意。”

“斯巴达克斯，你得明白，连我也受着这批豪门贵族的压迫，我也是这死气沉沉的腐朽的罗马社会的奴隶，在这批贵族中，在这罗马城里，我也是一个角斗士，我也渴望着自由，我要跟你在一起，以后也要跟你在一起。哦亲爱的斯巴达克斯，仅仅只是为了这一点，也请你不要推辞，收下这个钱袋吧，里面是二十个簇新的、漂亮的奥列乌斯（古罗马金币，面额小于塞斯太尔斯）。”

“好的吧……高尚的卡提林纳，我会照你说的去做，将这一袋金币，收入怀中。”

“明日清晨，在我的家里，了不起的斯巴达克斯，你将永远是一位受欢迎的客人。我将恭候您的大驾光临。”

翌日清晨，叛逆的贵族卡提林纳在他的府邸里，盛情招待了斯巴达克斯。两人举杯畅饮香甜的葡萄酒直到都酩酊大醉才停歇下来。令斯巴达克斯意想不到的是，在卡提林纳的府邸的宴会上，他竟然遇见了自己失散多年的亲妹妹，密尔查。

激动不已的斯巴达克斯再也控制不住自己，他一个箭步冲上去紧紧抱住了自己的妹妹，再也不愿意放开。慷慨的卡提林纳当即向这批奴隶的老板提出要赎密尔查一个自由身。

谁知，这位刻薄的老板一眼就看出了斯巴达克斯那副替他妹妹的命运担心害怕和急于使她获得自由的焦急神情。于是，他额外过分抬高了密尔查的赎金，又说密尔查是多么的年轻漂亮，健康而富有活力。他的赎金竟然要到了五万塞斯太尔斯之高，这甚至让一心想帮助斯巴达克斯的贵族卡提林纳也有些无计可施。

愤怒的斯巴达克斯跳起来一把掐住了这个恶棍的喉咙，这一举动吓坏了卡提林纳。他赶紧手忙脚乱地拉开了两人。卡提林纳一边柔声安慰着斯巴达克斯，一边与老板讨价还价。

卡提林纳提议，他先出一万塞斯太尔斯，让老板给密尔查安排一个单独的房子，不见任何客人，为期两个月。如果两个月后，卡提林纳或斯巴达克斯还不能为密尔查赎身，那么密尔查继续回到她奴隶的生活中。

在闪闪发光的金币和诱人的条件面前，这个刻薄的老板一口答应了卡提林纳的请求。他也确实遵守承诺，给密尔查安排了一个无人打扰的小木屋。

不过，即便如此，老板在离去时还是恶狠狠地对斯巴达克斯吼叫道："滚去魔鬼那儿吧野蛮人！谈生意谈到掐住我的脖子，下一次，我一定把所有的奴隶都喊出来，让你好看！卑贱的家伙！"

两个月后……

正当斯巴达克斯为彷徨、惶恐、无奈、悲愤等种种最悲伤的情绪所困住时，卡提林纳忽然为他带来了好消息。

“斯巴达克斯，你的妹妹，被一位好心人赎走了。现在你大可放心，从这一刻起，虽然她还不是自由人，可是却再也不会受人欺凌侮辱了。”

斯巴达克斯一脸惊讶地看向卡提林纳，后者则认真地点了点头。他俯下身和斯巴达克斯低声说：“这个善良的人，让我现在就带你去见他，顺便让你们亲爱的兄妹俩重逢一小会儿。”

“他是谁？”

“哦！斯巴达克斯，我被告知不能提前告诉你。不过无须心急，也无须慌张。你见到就知道了。”

于是，斯巴达克斯只得跟着卡提林纳走去。这一走，斯巴达克斯顿时觉得有些不对劲，这个方向，是去苏拉的宅邸呀！

难道救自己妹妹的会是苏拉？不，绝对不可能是那个悭吝、臃肿、残暴、好色、独裁的霸主。难道，他，他看上了密尔查？

正当斯巴达克斯胡思乱想的时候，卡提林纳已将斯巴达克斯领至苏拉宅邸边上的一处偏门前。卡提林纳上前敲门，有人应声开门，竟然正是密尔查！

“斯巴达克斯哥哥，我亲爱的哥哥，你一定有诸多的疑问。请随我来见主人吧，这一切，你都将知晓。”

斯巴达克斯看到密尔查脸色红润，神采奕奕，早不是之前做奴隶的样子了，他知道密尔查已经脱困，可他心中的疑惑，却更大了。

而已经容光焕发的密尔查，在示意卡提林纳可以离开后，非常高兴地告诉斯巴达克斯：

“亲爱的哥哥，如果不是主人的命令，我是绝不敢在这样晚的时候叫你到这儿来的。”

“哦，我亲爱的密尔查，你好心的主人，到底是谁？”

密尔查红着脸一笑，却不直接回答斯巴达克斯：“主人常常跟我长久地谈论斯巴达克斯哥哥，不断地问我关于你的种种事情，而且对你的命运，表示了一般贵夫人对释放角斗士和角斗士所不常有的特别温暖的同情。当主人知道哥哥此时正被穷困所迫时，就立刻命我叫你来到这儿，准备让哥哥管理那所苏拉不久前在库玛的别墅中建立的角斗学校。”

“哦，我亲爱的密尔查妹妹，你的主人实在是太心善……等一下，你说她是一位贵妇？在苏拉的宅邸，还把我安排进了苏拉别墅里的新角斗学校？难道，她是？”

密尔查打开了通道尽头的门。一个温柔而端庄的声音从暗室中响起，伴随着咕噜咕噜冒泡的甜蜜果茶的香气，缠住了这位自由的角斗士。

“没错，是我，英勇的斯巴达克斯，是我。”

“范莱丽雅！”

斯巴达克斯由于突如其来的欢喜和激动，神情起了很大的变化。他回想着密尔查说的话。斯巴达克斯的脸一会儿变得惨白，一会儿变得鲜红。毫无疑问，他头脑中正汹涌着一种奇怪的念头。接着，他用力摇一摇头，好像要把这些念头从脑子里驱逐出去。

“亲爱的密尔查，可以让我和你亲爱的哥哥单独说说话吗？”

密尔查赶紧红着脸点点头，然后她就像蝴蝶一般轻盈地溜进一道小门不见了。

这位自由的角斗士第一次看见范莱丽雅，还是在黄金斗技场角斗的那日；当他与苏拉的视线互相碰撞的时候，他依稀看见了这位美丽的妇人。

范莱丽雅……她那雪白的脸庞、又黑又大的眼睛以及漆黑的头发，给斯巴达克斯留下了极其强烈的印象。他觉得她身上有一股奇异的、难以理解的、不可抗拒的吸引力，当时他心中立刻腾起了一种火热的欲望：斯巴达克斯幻想着，可以吻一吻她那长袍的袍角。

而范莱丽雅呢，虽然那崇高的、苏拉夫人的尊贵身份使她不得不对斯巴达克斯那样卑贱的人采取一种矜持的态度，但无论如何，正如我们所知道的，当她一看到斯巴达克斯，就立刻产生了和斯巴达克斯初次看到她时所产生的，同样的震撼心灵的感情。

斯巴达克斯、范莱丽雅，他俩只见过一次，而且是一刹那。在那一刹那间，他似乎觉得她亲切而又温柔地看了他一眼。他甚至觉得她的眼睛里发出了爱恋的光芒。但他立刻抛弃了这种想法，认为这是疯子的念头，这是由狂热的幻想所产生的迹象和错觉。因为他明白：这一类的想法将会使他发狂。

几乎陷入昏迷状态的斯巴达克斯，拿出最后的、临近溺水濒死前的意志力，艰难地伸出左手把食指放到油灯的火焰中去，直到被灼痛才醒了过来。他竭尽全力地用理智逐渐克制了自己的激动，不断地在心中默念“这是苏拉的宅邸”，这才渐渐地恢复了神志。

范莱丽雅的密室（所谓罗马贵妇人的密室，就是指她们单独读书或者接待亲密的女友进行知心谈话的房间。）是一个小巧舒适的房间，由好多铁皮制成的管子，巧妙地隐藏在东方工匠织的华丽帷幕的皱襞后面，散发着令人愉快的记忆。外面的天气愈冷，里面就愈使人感到温暖。四壁挂着四幅美丽的天蓝色绸幕，它们那瑰奇的皱襞和兰花花瓣样式的边缘，几乎从天花板上一路飘扬而下。那绸幕上织着一层好像云雾一般的白纱，上面缀着无数新鲜的玫瑰花，它们芬芳的香气在整个房间里，缓缓弥散。

一盏有三个灯头的纯金雕成的吊灯，从天花板上延展而下，它的形状就像一朵巨大的带有叶子的玫瑰花，那是一位希腊名师的惊人杰作，就如同它优雅的女主人一样，散发着一阵阵带有酥油的阿拉伯香料气味。其纷纷扬扬挥洒出的光辉，都是优雅而温柔的淡蓝色，静谧地，只照亮了密室中的一部分黑暗，就宛如她的心事一般。

在这个一切按照东方风尚陈设的房间里，就只有一张单背的长榻了。榻上放着好几个柔软的鸭绒枕头，外面套着镶有淡蓝色花边的白绫枕套。榻旁放着两只套着同样的白绫套子的小凳和一个还不到四掌高的纯银小衣柜。在衣柜的四格抽屉上面，极其精巧地雕出了苏拉的四次大胜利的战争情景。

在这个幽静、舒适、芳香的角落里，在幽暗的灯光下，范莱丽雅身披极薄的白绫无袖长袍，腰系淡蓝色丝带，她那比得上奥林匹斯山女神的双肩，宛若象牙雕成的丰满臂膀，以及被她漫不经心地披散下来的波浪般的黑发掩映着的、半裸的、洁白的胸脯，显得优美极了。她用肘弯支着枕头，她那纤小得像孩子一般的雪白的手托着她的头。

“啊，你……来了吗？”

她半眯着眼睛，脸色显得极其宁静，好似已经睡着了；但事实上，她却正沉浸在自己的思念中，而且这些思念显然非常甜蜜。

斯巴达克斯的脸顿时变得比巴罗斯岛的大理石还要苍白。他那烈火一般燃烧着的眼光盯住了这位美女。他呆呆地站在那儿，怀着崇敬的心情欣赏着她。他的心中激起了一阵阵难以描述的、从来没有经历过的猛烈骚动。

几秒钟的时间过去了。如果范莱丽雅不是处在忘记周围一切的恍惚状态中，她一定可以清楚地听到这位释放角斗士的暴风雨一般急骤的呼吸。终于，她还是被这场“暴风”所“惊醒”。范莱丽雅缓缓睁开了双眼，微微坐起，把她那一下子布满了红晕的美丽的脸转向色雷斯人，接着深深地吸了口气，带着柔柔的微笑，轻声低问：

“为什么这样看着我？”一听到这声音，斯巴达克斯所有的血都涌到了脸上。他向范莱丽雅冲动地跨了一步，就好像准备说什么话似的张开了嘴巴，可却一句也说不出来。

“但愿神灵保佑你，勇敢的斯巴达克斯！”范莱丽雅首先使自己安定下来，继而露出了殷切的笑容说，“那……那么……坐下吧。”接着她又指着凳子添上一句。

“我发誓！我对神山之巅的朱诺发誓，你是我见过的最美最神圣的女神！我……我只是想，好好，再多看你一眼。”

“噗！那好，我就坐在这里，你……看吧。”

“我，”斯巴达克斯深吸一口气，终于镇定下来，但他还是用微弱的、颤抖的声音向范莱丽雅祈祷道，“神对我的保佑，已大大地超过我所应得的了，神圣的范莱丽雅。他们赐给我这个凡人所能得到的最大恩惠，就是把你的庇护赐给了我。”

“你不仅勇敢，”范莱丽雅的两眼闪耀着喜悦的光辉，“而且受过很好的教育。所以……”范莱丽雅狡猾地一眨眼睛，忽然换成了希腊语问道：

“据说在你被俘之前，你是你祖国人民的领袖之一，那是真的吗？”

“是的，”斯巴达克斯也笑了，他逐渐放松了下来，也用希腊语答道，“我是罗多帕山色雷斯人中最强大部族的一个族长。我有过许多房子，成群的羊以及肥沃的牧场。那时候，我很富裕，很有权力而且非常幸福。请相信我，神圣的范莱丽雅，我热爱人民，我很公正。虔诚而且仁慈……”

他突然停顿了一下，接着深深地叹了一口气，用极其激动的颤抖的声音说：

“那时候，我……我们，并不是‘野蛮人’，更不是受人蔑视的角斗士！”

范莱丽雅不禁怜惜起斯巴达克斯，她的心里腾起了一种善良的感情，于是，她抬起闪闪放光的两眼，怀着压抑不住的柔情说：

“你的妹妹，可爱的密尔查常常跟我谈起你的一切，我早已知道你具有非凡而勇毅的精神。现在我跟你谈了话就更加明白了，你绝对不是一个永远被人蔑视的人，就你的智慧、你的教养以及你的风度来看完全就像是一个希腊人。而现在你也已完全自由了。你愿意去管理一个包括六十个奴隶的角斗学校吗？苏拉准备把他们训练成为角斗士，他已经决定把那个学校设立在库玛的别墅里。”

“不！圣洁的范莱丽雅！我……如今，我不过只是一个奴隶……虽然自由，可我，依然只是一个卑贱的奴隶。”

“不！斯巴达克斯，你错了，你并非低贱，而我也从未圣洁！我也和你一样，难道你不觉得，我在苏拉面前，不过也是个奴隶吗？”

说着，范莱丽雅已经不能克制自己的激动了，她那含情脉脉又火光四溢的双眼和剧烈急促的呼吸，都证明了这一点。

斯巴达克斯也再一次把持不住了。他觉得他已经被魔法迷住了，他已经落到他脑中所产生的幻象的陷阱中了，但同时他又全心全意地甘愿向这美妙的梦境和幸福的幻象降服。他用充满了温驯和崇敬之感的狂喜眼光注视着范莱丽雅。他贪婪地倾听着她那悦耳的声音，好像倾听从太阳神阿波罗的竖琴上发出来的和谐的音乐一般。他用狂热的、激情的、显然充满了说不出的爱之喜悦的眼光注视着她，但是他却不能也不敢相信范莱丽雅眼光中反映的一切；他觉得那只是幻觉，只是他自己狂热的想象的产物。但无论如何，他自己那充满了爱情的、像火山熔岩一般炽烈、像太阳光一般闪耀的眼光，始终没有离开范莱丽雅那对奇妙的眼睛；现在这对眼睛，对他来说已经成为他生活的全部意义，他的全部感情、全部思想已经统统属于她一个人了。

“听着，我亲爱的斯巴达克斯，三天后苏拉将命你带着五队角斗士前往他的宅邸举行角斗。这其中就有你最好的朋友克利克萨斯。不仅如此，他还和他的客人们说，会让你单独去与胜出的角斗士再进行角斗，只是为了让宾客们娱乐。自始至终，苏拉都没有把你当作释放的自由人。我会想办法对付苏拉，但是你，我最亲爱的，了不起的，英勇的斯巴达克斯，你一定要做好准备，一定！一定……”

“啊，范莱丽雅！美丽的、美丽的、美丽的范莱丽雅……”

“只要你愿意，我什么都可以去做，什么都愿意，我的一切都属于你。”范莱丽雅用无限温柔而且忠诚的眼光望着斯巴达克斯。

两人紧紧相拥在一起。

……

深夜，在卡提林纳的宅邸地下密室内，斯巴达克斯、卡提林纳、克利克萨斯以及克利克萨斯的好朋友阿尔托利克斯和艾诺玛依以及二十个忠诚的角斗士友人们偷偷地聚集在这里。

“高贵的卡提林纳，我再一次需要你的帮助。我需要你把这二十个人送出罗马城去。十个人前往拉韦纳，十个人前往加普亚。那里是罗马的边塞，尤其还是大批未受训练的准角斗士们的集中营。我需要这二十个人用尽可能快速的时间，把这两处的角斗士们联合起来。”

“斯巴达克斯，你要做什么？不，我了解了，我了解你也痛恨苏拉，痛恨和苏拉苟且在一起的元老院。可是你根本不需要冒这个险。实际上，在我身边，有一个圈子，在这里，每一个人都和我、和你一样，痛恨苏拉。我们何不联合起来，突袭元老院取而代之呢？”

“啊，卡提林纳，我所尊重而且崇敬的高贵的人啊。对于你的提议，请允许我坦白地吐露真情，我要把我心坎里的话统统告诉你。由于豪门贵族的统治，你，和你圈子里的这些自由的、出身高贵的公民被人家从管理国家大事的机构中排斥了出来，而且被剥夺了财富和权力。这一豪门贵族阶级，对人民是敌视的，对勇敢的、想进行新的改革的人也是敌视的；他们的政权，使近百年来的罗马充满了悲惨的内战和变乱，而现在，他们比以往任何时期更加集中地掌握了全部政权，他们可以任意地统治和支配你们。但是对你们来说，用武力举行政变的目的就是推翻目前的元老院，用别的对人民更公平也更有远见地把财富和权力加以平均分配的法律来代替现行的法律，用另一批从你们中间或者你们的朋友中间选出来的人组成新的元老院。对你们来说，对目前当政的人们来说也一样，住在阿尔卑斯山以北或者住在海外的人民永远是野蛮人；你们还是希望他们跟过去一样，仍旧处在你们的统治之下，仍旧成为你们的附庸；为了显出你们贵族的身份，你们希望你们的宅邸里充满奴隶，在斗技场上，和目前一样，不断地举行你们最心爱的表演：角斗士们的流血角斗。当你们在明天获得了胜利而且掌握政权以后，角斗士们的角斗就将成为你们繁重政务的调剂员。你们只希望这一点，对你们来说，也是最重要的一点，那就是：由你们自己来代替目前的执政者。但是我们这些不幸的角斗士们所关心的却完全是另一回事。我们这些被一切人轻视的'贱人'被剥夺了自由，被侵占了国土，为了娱乐别人而被迫互相杀戮的人一定要获得完全的、充分的自由。我们要夺回我们的祖国，我们的家！因此，我们要起义，我们的目标不仅要反对目前的执政者，而且要反对代替他们的人，不管他们叫作苏拉还是庞培还是克拉苏！"

"斯巴达克斯……你是一个高尚的人，勇敢而高尚的人。我了解了。请你放心，明日一早，我就会亲自买下这二十个角斗士们，给他们乔装打扮，分别去往拉韦纳和加普亚。也请你记住，无论何时，无论我们有怎样的分歧，我卡提林纳都会是你最忠实的好友。"

"不行，这还不够！我还需要我最信任的人带领他们。克利克萨斯，你带头前往加普亚；阿尔托利克斯，你是克利克萨斯的朋友，我将信任他一样信任你，你带头前往拉韦纳。"

"不行！斯巴达克斯，你说过，苏拉点名在三日后要在他的府邸上看我和你角斗的！我带阿尔托利克斯和艾诺玛依就是为了可以在我之后接替我们的事业！"克利克萨斯有些悲凉地一笑，"我的命是你救的，为了我们伟大的事业，斯巴达克斯，我一定会在三日后的角斗中胜出，然后让你亲手结果我，为我们的事业铺下第一条路。"

"不！克利克萨斯，我说过，我不会让你去死的。相信我，一切都在我的计划之内。你不会有事的，就这样，你和阿尔托利克斯明天一早就动身。三日之后，我自有应对之法。艾诺玛依，花些时间为我们喂饱两匹骏马，我们要开始奔波了。”

三日之后的夜晚，苏拉的宅邸内，宴席上早就坐满了前来的宾客，斯巴达克斯带着五队角斗士，静静地站立在铁栅栏之后。

可宴席的主位上，却不见了苏拉。

此时的苏拉，正无力地躺在他浴室的床榻上，他在洗浴时，毫无提防地被盛装打扮的范莱丽雅给灌醉了。

“不！范莱丽雅，我……我还有……客人……晚宴……角斗…你！”

“哦，愿诸神护佑战无不胜的苏拉！夜已深，天将明。你还不准备回到卧室里去睡吗？”

苏拉听到了这几句话，揉着眼睛，慢慢地庄严地抬起头来，望着他的妻子，困难地转动着舌头说：

“你……你把一切都颠倒过来了……你剥夺了我……我的享受……我对不许兵士后退的朱庇特起誓，这行为是不可容忍的！你蓄意要贬抑我的威望……贬抑幸运的苏拉……维纳斯的情人……独裁者……我对众神起誓！我统治了整个罗马和整个世界，我决不愿意任何人来对我发号施令……决不愿意！…”

忽然，苏拉那像玻璃一般透明的瞳孔放大了，可以看得出他正在努力控制自己的话、自己的感情和自己那已经醉得失去了作用的智力。

“哦！你一定是累了，伟大的苏拉！快睡吧！我会安排好你的一切的。来呀梅特罗比乌斯，苏拉之子，快去告诉客人们，苏拉的身体不适，宴会取消了。”

“你……你……你不，你……滚出去……梅特罗……比……比乌斯，快把……把这个……女人……”

“咚！”苏拉那一颗沉重的头颅颓然地垂到了胸前。他的眼睛因愤怒、屈辱及不甘而睁得溜圆。

而这苏拉咽气的瞬间，刚好被赶来的梅特罗比乌斯看见。一阵惊呼，宴会里的客人们顿时一片混乱。

苏拉，死了。

共和国人物故事卷：

疾风之刃

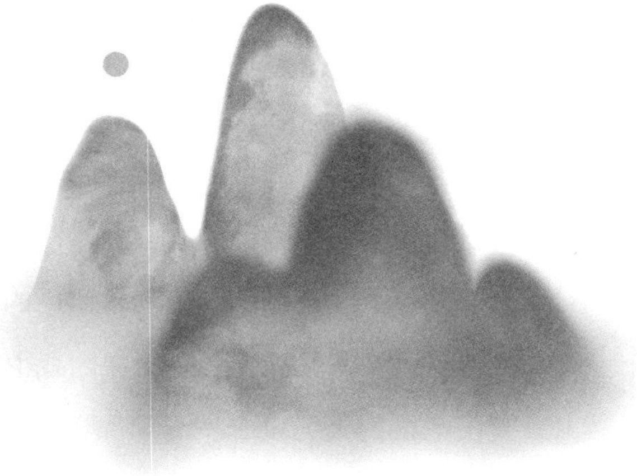

苏拉死了。

讣告闪电一般迅疾地传遍了整个意大利。

全罗马都惊呆了。起先，大家只是呆呆地接受了苏拉死亡的消息。紧接着，这死讯马上就引起了一连串的谈论和疑问。怎么死的？什么时候？现在怎么办？

最先反应过来的是苏拉的拥护者，那些豪门派、贵族和富人们。他们主张把苏拉的死当作整个民族的灾难来哀悼，认为那是无可补偿的损失。他们来到元老院前号啕大哭，要求先对苏拉举行大元帅的荣誉葬礼，然后像对待共和国的救世主或是半神半人的英雄那样来给他铸立铜像和建造庙宇。

紧跟在贵族之后的，是一万多个在苏拉远征胜利归来后，为了纪念他的荣誉和名字被苏拉释放的、赐予自由的奴隶们，人称科尔内利乌斯族（苏拉全名是卢基乌斯·科尔内利乌斯·苏拉）。他们嚷嚷着、毫不犹豫地响应了这个提议。这一万多个受过苏拉恩惠的人，是苏拉的永远拥护者。

不过，在罗马绝大多数的平民眼中，这一万人之所以为苏拉党响应，一方面是因为对苏拉的感激，同时，也是害怕苏拉生前慷慨地赐给他们的财产在他死后被别人夺回去。

在意大利还有十二万名军团中的兵士，他们都曾经在苏拉的麾下对米特里达梯王作战，后来又在内战中跟着苏拉反对马略（曾挽救罗马于灭国危机的大元帅，罗马共和国募兵制改革者，盖乌斯·马略）。这些军团中的兵士有好多人在支持马略的城市中居留下来，因为苏拉在和马略作战时已经消灭或者驱逐了这些城市的基本居民，并把他们的财产分发给各军团的兵士了。这十二万以上的兵士是把苏拉作为领袖和恩人来崇拜的，他们准备用武器来捍卫苏拉赐予他们的一切。

就这样，由忠于苏拉的人所组成的强大而极有力的一派，痛悼着他的死亡。

另一方面，曾经被苏拉放逐的人，沦为其获得罗马统治的牺牲者，以及人数众多且声势浩大的马略的拥护者，即使在苏拉活着的时候，他们都曾经公开地诅咒过这个杀害他们的亲友、没收他们全部财产的刽子手，现在，苏拉死了，他们自然都高兴极了。马略的拥护者渴望着变革，开始在各处骚动起来，企图制造混乱，重新掌权。他们纷纷走上街头，不断演说并号召罗马的平民阶级，这些被苏拉剥夺了好些普通的权利和重要的特权的阶层，开始复仇，并把这些权利夺回来。

此时的罗马是真的乱了。在大议场一带，在贸易堂里，在拱廊下，在神庙中，在店铺里，在市场上，在任何地方，到处都聚满了年龄和身份各不相同、互相报告新闻和消息的人。一部分人痛哭流涕、大声哀悼这一灾祸；另一部分人则大声地感谢使这个暴君终于死去、共和国从被奴役的状态下解放出来的神。这两派人进行了争吵相互发出了威胁，多年来潜伏着的被压抑的怨恨在此时彻底爆发了出来。熊熊燃起的怒火产生了种种矛盾和欲望，化作一阵阵消散不去的阴霾，笼罩在罗马城的上空。

一月后，骚乱更大了，愈演愈烈。尤其是当旗鼓相当的敌对的两个执政官，玛尔古斯·艾米里乌斯·列庇杜斯和卢泰齐乌斯·卡杜鲁斯，因苏拉死亡这个导火索而变得剑拔弩张、热血沸腾时，一场内战就显得不可避免了。

焦急的元老们赶紧联合曾做过执政官的贵族们，利用他们在公民中的威望，竭力想使骚乱平息下去，他们允许进行种种改革，颁布新的法律，恢复平民阶级的古老的特权；但他们的话毫无效果，群众的怒火燃烧得更加猛烈了。

越来越多支持苏拉的贵族、公民和科尔内利乌斯族的释放奴隶们都不剃胡须表示哀悼。他们穿着黑色的宽袍，显出一副垂头丧气的样子在城里的街道上走来走去。好些贵族妇女也穿着丧服，披着蓬乱的头发，从一个神庙跑到另一个神庙，祈求神的保佑。似乎随着苏拉的死亡，罗马就会遭到前所未有的灾难。

而苏拉的敌人却对这些人大肆责骂和嘲笑，他们兴高采烈地在罗马的大议场和街道上游逛，庆幸苏拉的死亡。甚至在许多建筑物的墙壁上都写着这样的字句："打倒奢侈的挥霍者的法律！"和"光荣归于马略！"。

就在一切即将失控的时候，罗马最年轻最受人爱戴和尊敬的政治家、继苏拉之后最有威望的、被称为"伟大的人"的庞培站了出来。对于苏拉的死，庞培声情并茂地赞扬了他，但用词却十分谨慎，尤其是庞培并未过分颂扬苏拉那辉煌战功和崇高事业。同时，他并没有为苏拉任何可耻的行为进行辩护，而是把这发生的一切推给了一个客观事实。已经变得分崩离析的罗马共和国在当时所处的不正常情势和独特的时期中，唯有以苏拉为首，实行独裁统治，才能逆转当时可怕的困境，挽救所有公民和平民心爱的罗马。最后，庞培严肃沉重地指出，即便是在那样危急的情况下，一切任意破坏法律的行为，都是无可救药的错误，这终将致使罗马所有的公民和平民在社会活动的邪恶欲望中生长，在道德底线中沦亡。

庞培不长的演说赢得了在场所有元老、公民和平民的掌声和呐喊。趁此机会，庞培提出，暂时先放下对苏拉本人的评论，而是按照他的生平与职位，按照罗马的法律，尽快为苏拉举办葬礼。而这，才是罗马人该有的作风，罗马人的道德，罗马人的精神。

于是，元老院终于得以颁布一道命令，安葬苏拉。

当灵车从苏拉的宅邸出发时，在车子前后的，都是从意大利各处赶来的，对苏拉充满敬意的人。两位执政官都来了，他们身后是两百多位元老以及同样数目的罗马骑士。再后面则是从库玛、加普亚、巴伊、赫鸠娄纳姆、那坡里、庞培（城市）、普梯奥勒、里特尔伦以及康滂尼亚省别的城市和乡村来的贵族们。这儿还有意大利各自治市和城市的代表，二十四名仪仗官，掌执政官旗幡的人，在苏拉麾下作过战的各军团的鹰徽的执掌人，五千多名从各军团中来的兵士，他们自动全副武装起来，最后一次为他们的大元帅服务。几千个从罗马来的科尔内利乌斯族人，也穿着丧服跟在灵车的后面。接着，又来一队队的号手、笛手和琴师跟在几千个穿灰色长袍或是重丧服的贵妇人后面。在队伍的最末，才是无穷无尽的从意大利各处来的送殡人群。

六匹漆黑精壮好像用黑檀木雕成的骏马，拉着一辆华丽的灵车。车上躺着苏拉涂满香油、洒过香水的遗体。他穿着大元帅的绣金红袍，宛如向着地狱出征。紧跟在车后的是苏拉前妻采齐丽雅·梅台拉生的儿子法乌斯特和女儿法芙斯达。在这对兄妹之后的，则是范莱丽雅、荷尔顿西乌斯以及苏拉的两个侄儿普勃里乌斯·苏拉和赛尔维里乌斯·苏拉。

所有这些人都竭力显示自己的悲痛和哀悼。

送殡的行列缓慢地穿过加宾门，在宽阔的道路上行进，然后进入尽头是罗马全知全能的众神之父朱庇特的神庙的街道。接着，队伍循着神圣街前进，穿过纪念战胜阿洛勃罗基人的法比乌斯拱门，来到了大议场，在那儿的祠堂里，正对着战舰祭坛的地方，安放下苏拉的石椁。

元老们首先发出举哀的恸哭，然后是骑士们，接着是军团的兵士们，最后是民众。苏拉的长子法乌斯特还没有成年，因此，他还没有穿上成年男子的宽袍，按照习俗不能在灵柩前发表颂扬的演说。于是，这演说只得由最早跟随苏拉的将军，被誉为“伊萨夫尔城的征服者”的普勃里乌斯·赛尔维里乌斯·瓦季埃首先出来讲话，然后是执政官卡杜鲁斯，最后再由“伟大的人”庞培总结。他们都提到了死者的勇敢和他崇高的功绩，说的也自然都是赞颂的话。演说是在一片哭泣和呻吟的伴奏下进行的，那些举哀的人都是因为种种原因在苏拉生前依附他本人或者是依附他手下的豪门派的。此时的呻吟和哀号，不仅仅是因为苏拉的逝去，还有对未来，因为苏拉的死亡可能会导致的失势而发抖哭泣。

然后，他们按照先前的次序向马尔斯广场行进：他们穿过玛梅金纳监狱旁的巷子来到拉达曼萨斯街，接着又循着宽敞的一眼望不到头的拉丁街走去，在那条街上已经特地树立了好几座牌楼，上面缠绕着花，挂着柏树枝扎成的花环。最后行列来到了城外马尔斯广场的中心。苏拉的遗体就准备在那儿举行火葬。

举行葬礼的一切早已准备好了。元老们在火葬的柴堆旁边把灵轿放了下来。范莱丽雅走了上去，合上了死者的眼皮，把一个铜币塞到他的嘴里，以便他付给卡隆，充作渡过波浪汹涌的阿凯伦河（冥河）的船钱。接着，这位寡妇在死者的嘴唇上吻了一下，按照风俗大声说："再会了！按照老天安排的次序，我们会跟着你来的。"乐工开始演奏哀乐，那些奉献人就在乐声中把好些指定作为牺牲的动物牵过来杀死，把它们的鲜血和牛奶、蜜和葡萄酒掺和在一起，洒在火葬的柴堆周围。

这一切都完毕以后，送葬的人就开始向柴堆上面浇香油，抛掷种种香料，堆上不计其数的桂冠和花圈，花圈多极了，不但盖满了整个柴堆而且在柴堆四周厚厚地叠了起来。

当这所有的葬仪全部结束时，"伟大的人"庞培就从一个掘墓人的手中接过一把火炬，他为了对死者表示最崇高的敬意，愿意亲自点燃火葬的柴堆。苏拉的遗体现在已经躺在柴堆上面，遗体裹在入火不燃的石棉被子里。

一阵轰雷一般的鼓掌声滚过马尔斯广场，回答这位年轻的凯旋者和征服阿非利加的元帅对死者所表示的敬意。火焰很快就烧了起来，越烧越旺，随即迅速地蔓延开去。终于，整个柴堆发出无数蜿蜒飘动的火舌，一阵阵云雾一般的芳香和着诡异的浓烟，向周围慢慢弥散开去。

过了半个小时，这位多少年来使整个罗马和希腊为之战栗的、威名传遍了全世界的大人物的躯体，就只剩下一小堆骨灰了。那些哭丧人一面流下悲痛的眼泪，发出呼天抢地的哀号，一面小心地把骨头与尸灰收集起来，把它们盛到一只雕刻和镶嵌得精美绝伦的古铜尸灰瓮里去。

那只尸灰瓮被安放在苏拉几年前下令建造的神庙里。神庙的地址恰好就在埃斯克维林门附近，那是苏拉第一次大胜归来时，为奉祀“常胜神”赫克里斯所修建的庙宇。

斯巴达克斯也在这群不断恸哭哀号的人群中间。他亲眼看着苏拉的躯体在燃烧的“噼啪”声中，化为灰烬。火焰倒映在色雷斯人的眼中，化作无数星星汇聚而成的熊熊火炬，在他的瞳孔间随风摇曳。

“斯巴达克斯。”

火焰突然熄灭，唯有灰烬在暗暗地灼灼生光。

“听我说，别回头。”

“盖乌斯·尤利乌斯·恺撒。”

“是我，斯巴达克斯。听着，你伟大的事业即将面临空前的危机。”

“你说什么？”

“你被人出卖了。”

“我是奴隶，早就被卖过很多次了，你说的是哪一次。”

“阿尔托利克斯，克利克萨斯。”

“恺撒！我向朱庇特的神火发誓，如果你胆敢骗我……”

“我不是你的敌人，你的敌人，是已经在被焚烧的那一个。”

“为什么告诉我？你想怎么样？”

“我在想什么，谁也不会知道，我也不会允许任何人知道。此时此刻，我为了从窠巢中飞出去找寻自己的幸福，还得积聚力量。在这点上，斯巴达克斯，你有着甚至让我都无比惊讶的，唯有最伟大的统帅才配有的惊人的力量和智慧，你聚集了一支队伍，他们不过只是奴隶，却已经开始向精锐的军团迈进。而你，将率领他们，去挑战一个不可战胜的敌人。请你告诉我，斯巴达克斯，你想的是什么？你所希望的又是什么？”

“我希望……我希望毁灭你们这个腐化的罗马世界！将它烧得干干净净！然后，在它的废墟上看到各民族独立、自由盛开的花朵。我希望消灭那种强迫一个人向另一个人屈服的可耻法律，消灭那种叫同样由女人生下来，而且具有同样力量和智慧的两个人中的一个汗流满面地劳动，耕种不属于他的田地，供养另一个对罪恶、懒惰和逸乐安之若素的人的法律。我希望用压迫者的血来偿付被压迫者的呻吟，我希望粉碎系在罗马胜利之车上的不幸的人的铁链。我希望把奴役的铁链改铸为短剑，使每一个民族能够用那短剑把你们驱逐出境，把你们逐到伟大的神赐给你们的意大利本土，不许你们越出原有的国界一步。我希望烧毁所有的斗技场，在斗技场上，你们这些人形的野兽把我们叫作野蛮人，而且使我们这些为了幸福、为了精神上的享受、为了爱而降生的不幸的人互相残杀，来娱乐你们这些世界的暴君。我对万能的朱庇特的雷火发誓，我希望看到自由的太阳辉煌地照耀，可耻的奴隶制度在地面上消灭！我一定要获得自由，我渴望自由，我要争取自由，我要为每一个人、每一个不论大小强弱的民族争取自由。和平、幸福、正义以及不朽的神赐给人们享受的一切崇高幸福，会伴随着这样的自由来到人间！”

“啪！”“哗啦！”掌声四起，这是民众与贵族们，献给“伟大的人”庞培的掌声、喝彩声。

斯巴达克斯和恺撒，岿然不动。

“那么，接下去怎么样，高贵的幻想家，接下去你想怎么样？又能怎样？”

“接下去就是正义的政权压倒暴力，智慧的政权统治贪欲。接下去就是人与人之间一律平等，民族与民族之间互相亲善友爱，幸福与爱与和平将在全世界的范围内获得凯旋和胜利！”

“可怜的幻想家！你相信所有这些幻想能在你这一生中实现吗？可怜的幻想家！听我说，斯巴达克斯，而且把我这番充满好意的话仔细地考虑一下。我对你的同情要大大地超过你想象的那种程度。你记好，我不是属于那种轻易向别人献出友谊，特别是轻易向别人表示尊敬的人。要实现你所幻想的一切，那是绝对不可能的。这是纯然的幻想，不论就你所设想的目标还是就你现在所采取的手段来说，都是空中楼阁。听着，斯巴达克斯，我相信，连你自己都不会认为你那两万名角斗士就会使罗马战栗。是的，‘自由’这个字眼，会使广大的奴隶群众聚集到你的旗帜下来。可是，最多又能有多少呢？五万？十万？或者，就让这个数字变成十五万吧！让他们在你的教导下用铁的纪律团结起来，让他们为死里求生的勇气所鼓舞而英勇地战斗。让一切都如你所愿吧！但是你能相信，仅凭这样，他们就能够打败曾经征服亚、非两洲一切帝王的一百二十万罗马大军吗？罗马的战士，都是自由的公民，他们在欧罗巴大陆上有着他们自己的每一寸土地，有他们自己的家，难道你以为他们不会起来对你们这些什么产业也没有、万一获得胜利就会使他们破产的穷光蛋拼命吗？你们是为了死里求生而战斗，他们却是出于自卫的本能；你们是为了争取人权，他们却是为了保卫自己的私有财产。你觉得，你能战胜他们吗？在数量上他们先占了你们优势，此外，在每一个城市或者自治市里都有他们的同盟者，但对你们来说，却是敌人。为他们服务的有整个国库的全部财产，尤其重要的是，还有贵族们的巨大财产。他们那一边，还有罗马的威权，经验丰富的统帅的军事艺术，所有城市和所有罗马共和国公民的财富，更不用说共和国的舰队，以及从世界各个角落里征集来的后备军了。那些顽固、粗鲁的蛮族和从各个国度来的奴隶，他们之间并没有可以使他们互相结合的高贵传统或者别的物质上的联系，他们甚至并不完全懂得你所努力奋斗的目标。你的勇气、毅力和超凡的智慧足以使这样一些人纳入秩序和纪律吗？我曾经一度相信你能够做到，但仔细一想，不，这绝对不可能……你具有坚强的意志和智慧，而且完全有能力指挥军队。我坚定地承认这一点。但你最多只能使你的军队暂时隐藏这些缺点，犹如一个人把身上的痈疽遮掩起来一般。你能够动摇你敌人的胜利信心，但你在完成这种理智和勇气的奇迹之后，你能在最后战胜敌人吗？”

“我知道，你所说的一切，一切指向我必败的理由，那都是真实的。我知道，我们注定会牺牲，可是我们所高举的自由的旗帜、我们亲手点燃的火炬，将永远不会熄灭！我们倒下了，还有我们的儿子；我们的儿子倒下了，还有我们的孙子；孙子倒下了，还有更多的子子孙孙，直到那自由的旗帜插满整个世界，插满每一片土地，直到‘奴隶’这个词在这个世界彻底消失，直到每一个男人、女人、孩子都能自由地呼吸。我、我们可以为正义的事业光荣牺牲，我们流的鲜血一定会使自由之树结出果实来，我们的鲜血将在压迫者前额盖上可耻的烙印，我们的鲜血会产生无数的复仇者。我们留下了可以被人模仿的榜样，这是我们能够留给后代的最宝贵的遗产！”

“伟大的自我牺牲啊！但那却是毫无效果的无谓牺牲。我已经向你指出，你所采取的手段不足以达到你的目标，现在我还要向你指出，你的目标本身只是激动的想象的产物，只是外表诱人的幻想，犹如人类无力捕捉的幽灵：它在远处看来是活生生的，它诱惑着你，但是你愈是顽强地追上去，它就愈是远远地离开你。当你觉得你好像已经捉住它时，它却在你的眼前突然消失了。人类自从离开树林住在一起，自由就消失了，奴隶制就产生了；因为每一条为了全体利益而限制个人权利的法律，就侵害了个人的自由。从此以后，不论在什么地方，不论在什么时候，总是由最强横最狡猾的人统治群众，而且老是有普通的人民服从他们。甚至好些最优良、用最英明的制度建立起来的共和国，也逃避不了这一规律，因为它的根源就存在人的本性之中。底比斯、斯巴达和雅典的不光荣的结局就是证明。就在我们这一以人民具有最高权力的原则为基础的罗马共和国，你已经看到，一切政权都被那一小撮贵族所掌握，他们占有了一切财富，也因此掌握了一切力量，他们把共和国的政权变成了他们这一阶级世代相传的遗产。四十万个没有食物、住所和衣服抵御冬寒的罗马公民能算自由人吗？他们只不过是第一个遇到他们购买他们的选票的人的奴隶罢了，选举的权利就是这些贫苦的‘世界统治者’的唯一财产。因此在我们这儿‘自由’这个字眼早已失却了它的意义。虽然这调子永远能够在群众的心坎里引起反响，但有时候往往是一些暴君弹奏得最出色。斯巴达克斯，我遭到这些极其骄横的贵族的压迫，我同情平民的悲哀和痛苦，我明白只有消灭贵族，平民才能得到幸福，为了打垮这些豪门贵族的统治，必须鼓起平民阶级的热情，但同时必须在他们的嘴里装上马勒子，用铁一般的坚毅意志断然地领导他们。因为人和人之间的关系跟豺狼一般，因为人类一向分为豺狼和羔羊，老鹰和鸽子，一向分为吃人和被人吃的两种；我已经择定了我的道路，确立了我的目标。我不知道，我是不是能够解决这样困难的任务，但是我知道我唯一能做，也是一定要做的，就是夺取政权，从根本上改变双方的命运，我先要从被压迫者变为压迫者，然后才能让这个吃人的世界变得不再茹毛饮血！"

"恺撒，那是你，那是你，是命运的宠儿，同样也是光明的战士。"

"是的……我可怜奴隶，我对他们永远采取宽容的态度，我同情角斗士，如果我要娱乐人民，我决不允许为了满足群众兽性的本能，使角斗士们野蛮地互相残杀。为了达到我给我自己确立的目标，总有一天，我一定能达到这个目标，我必须尽量避免强暴的行动，多多地施展巧妙的手段，必须少用武力多多运用灵活的策略，必须胆大心细。这两者是一切危险但是伟大的事业所不可或缺的伴侣。我觉得我命中注定能够掌握最高政权。我应当获得它，我要获得它，我一定能获得它。我必须利用在我的人生道路上碰到的一切力量，好像大河汇集一切溪流，最后变成一道汹涌奔腾的巨流注入海洋中去一般。现在，勇敢的斯巴达克斯，我要对你这位命中注定要干一番大事业的人提出要求。告诉我，你是不是同意放弃你那不可能实现的暴动的毫无意义的幻想，做一个幸运的恺撒的助手和同伴呢？我有我的福星——维纳斯，她是我的始祖，她领我踏上了人生大道，预先显示了我的崇高使命。迟早我会去统治某个省份，率领某些军团，我将要凯旋，我将要被选为执政官，我将要掀翻皇座，征服各个民族，占领整个帝国……所以，斯巴达克斯，我渴求你，我需要像你这样的人，需要像你这样的朋友！我盖乌斯·尤利乌斯·恺撒，对天发誓，我真诚地希望，成为你的朋友。"

"谢谢你，恺撒。那么，如你所愿，你统治了整个罗马，你统治了……帝国……那么接下去怎么样？你会怎样？”

“接下去……接下去……接下去我就要统治全世界！”

“啪啪！”“哗啦！”掌声再次响起，庞培手捧鲜花美酒，在元老们、贵族、公民和平民的簇拥下，举杯畅饮。

“看呐，高贵的、威风凛凛的恺撒。这就是我们观点看似相同，实则不能混为一谈之处。我愿让世界各民族都能盛放，都能平等生长，而非将民族分为罗马及其他；并非将人分为恺撒和其他。”

“斯巴达克斯……唉！抛弃你的幻想，抛弃它吧！抛弃它，抛弃这个一开始就要遭到覆灭的、不切实际的、飞蛾扑火的事业。去说服你的不幸的同伴们吧！叫他们暂时忍受一下，叫他们不要把希望寄托在武装暴动上而寄托在将来，叫他们用合法手段去取得权利吧！我的好朋友，斯巴达克斯，你只要做我的将军，就完全可以跟我堂皇地参加元老院委托我去的远征。你就可以率领勇敢的战士，充分施展大自然赐予你的卓越作战能力并立下赫赫战功，最后我们堂堂正正、自上而下地，去改变这个国家！”

“不可能，绝不可能！绝不！盖乌斯·尤利乌斯·恺撒，我真心诚意地感谢你对我表示的敬意和向我提出的令人羡慕的建议，但我必须坚定地走命运之神向我指出的道路。我不能也不愿抛弃我的被奴役的弟兄们。如果奥林匹斯山上的不死之神们关心人类的命运，如果地面上不复存在的正义在那儿还存在的话，我们的事业就决不会破灭。但如果人和神统统反对我，我也决不会屈服，我要像阿加克斯一样，怀着镇静的心情英勇战死。”

“了不起的斯巴达克斯……那……就这样吧！既然你无所畏惧，就让我预祝你好运吧！我知道，一颗无畏的心往往能帮助一个人避免灾难。不但如此，我更希望幸运之神伴随着你。因为我知道幸运能在一切事业中，特别在战争中起极大作用。今晚你认为你的事业即将覆亡，到了明天命运之神也许会出来干涉，使你的事业成功。明日一早，一个叫梅特罗比乌斯的人，会很快向执政官告密。我，作为一个罗马公民，不能够而且也没有权力阻挡梅特罗比乌斯；但作为你的朋友，我也不可以对你隐瞒。明日一早，梅特罗比乌斯就会到执政官那儿去揭露你们的密谋。你还是赶快赶到加普亚去，抢在元老院急使的前头。这样，幸运之神也许会站在你那一边……再会，斯巴达克斯，祝你武运昌隆！”

“感谢你，我的朋友！盖乌斯·尤利乌斯·恺撒，也愿神祇保佑你，再会了。”

……

是夜，一个身披长长斗篷的醉汉，手托着脏兮兮的酒瓶，摇摇晃晃地走向罗马城的城门。负责看门的老守卫一看是个醉醺醺的流浪人，连短剑都没拿就走来驱赶这个邋遢的人。

就在老守卫靠近的一瞬间，醉汉忽然猛地向前一撞，然后一酒瓶子打在这个老守卫的脑门前。老守卫哼都没来得及哼一声，就栽倒在地上昏了过去。紧接着，这个醉汉迅速把守卫的躯体藏好，拿起他的短剑飞奔上城墙的某一处。

在那一处有他预先准备好的绳索以便滑下城门。城门外还备好了喂了几天的马匹，随时可以狂奔千里。

“哥哥？”

“密尔查？你怎么会在这里？快回去！回到你主人身边去！”

“是主人让我来的，她说是一个高贵英俊的少年告诉她，她的心爱之人将在此时匆忙离去。”

“……”

“哥哥，这是主人让我给你的，用从她的长裙上剪下来的一段丝绸做的披肩。她说，她会在这儿，安静地等着你，等你为她亲手打开罗马的大门。”

“范莱丽雅！范莱丽雅……范莱丽雅。”

“快去吧哥哥！主人嘱咐我，东西交给你，话带到就让你立刻走，立刻就走！”

此时，狂风骤起，天上地下的落叶，伴随着风沙，宛如旋转的尖刀般在空中飞动。斯巴达克斯顺着绳子从城门上一跃而下，他纵马狂奔，直向加普亚。他一定要抢在罗马之前，率先亲吻胜利女神的裙角。

“斯巴达克斯！”

突然出现了一声大喊，顿时时间凝滞、云开雾散，树叶、飞沙悬置在空气当中。天地间万籁俱寂，苍茫的夜空上，一缕清冷的月光直射而下。紧接着，恺撒那俊美孤傲的脸庞，在这光芒中全般展现出来。

“不要相信卡提林纳。永远不要相信任何一个传统虔诚的罗马人。”

“啪！”那是马鞭抽打的声音，斯巴达克斯再次启程，身后狂风呼啸，落叶纷飞，沙尘狂舞，云雾笼罩。

共和国人物故事卷：

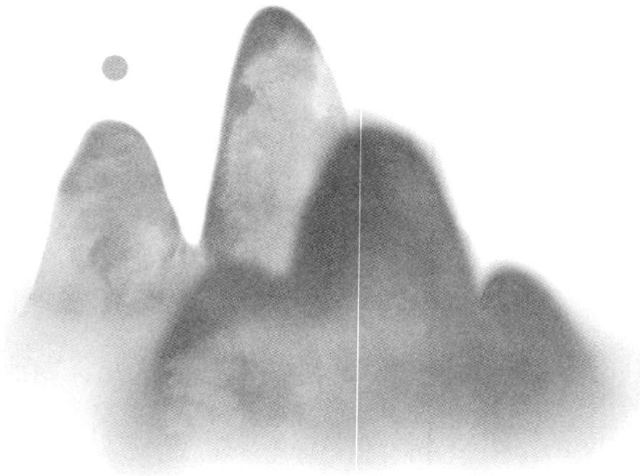

钢铁之心

加普亚，按照伟大诗人马库斯·图留思·西塞罗的描述，是一座富裕、欢乐、宜于居住而且可以充分享受各种娱乐的宏伟城市。它位于全意大利（地区）最肥沃、最繁华、最美丽的康滂尼亚省的中心。在汉尼拔·巴卡（注：古罗马曾经的死敌迦太基人的大元帅，人称军神，名列欧洲历史上的四大战神之二。之一是征服王亚历山大，之三是英白拉多恺撒，之四是皇帝拿破仑。）远征北意大利之前，连罗马也要嫉妒加普亚的恢宏。正如人们所推测的，加普亚城大约是在罗马建城前两世纪，就由奥斯吉人建立了。它矗立在法尔杜纳斯河美丽的河岸上，曾名法尔杜纳河城。后来，伊特鲁里人征服了奥斯吉人，将其改名为加普亚。在其统治的三个世纪中，加普亚一直是伊特鲁里十二城联盟的首都。与其说罗马承袭自希腊文明，实际上，其文明最早应是始于加普亚城。

在这平稳的三百年后，伊特鲁里人因为在温和的气候和丰富的物产以及风靡一时的奢靡生活的影响下失去了原有的强毅精神，变得柔弱不堪。终于，强悍的山民沙姆尼特人崛起了。他们扬起锋利的獠牙和尖锐的铁爪，尽情地撕咬着富有、柔软、美丽、虚弱的伊特鲁里人。就这样，一个接一个的城市倒下了，伊特鲁里人根本无力抵挡沙姆尼特人的侵略。很快，沙姆尼特人就兵临加普亚城下了。危机之下，伊特鲁里人向他们的盟友罗马发出了求救。而战无不胜的罗马雄鹰，张开了足以匹敌艾欧罗斯掀起的飓风般的双翼，回应了他们的盟友。

来者，正是苏拉！

这是一场没有悬念的战斗，沙姆尼特人被彻底歼灭了。活下来的沙姆尼特人被苏拉抓走沦为奴隶。不料以苏拉为首的罗马人竟在这美丽的城市“居住”了下来。他们只让可怜的伊特鲁里人在名义上获得了少得可怜的独立和自治权。紧接着，那十二座城市也变成了隶属于罗马的一个行省。大批罗马公民和贵族家庭，被美丽的大自然和温和的冬季所吸引，纷纷流入加普亚城。

而这加普亚的繁荣与欢呼，正是苏拉的功绩。

就这样，在那被轻盈的白云和红霞所围绕的太阳，发出灿烂的闪光，慢慢地从好些山丘后面降到里特尔沦城东边的海里去时，加普亚城里的街道上还是像往常一样显得非常喧嚣、拥挤和热闹。工匠们结束了工作，店铺开始关门休息，一部分居民开始出来到街上遛弯，另一部分开始回家；黄昏的寂静和安宁慢慢地降临，开始代替那沸腾的白天的活动。两骑全力飞跑的战马呼啸而过，穿过城门，直奔提督府而去。他们的马浑身蒙着灰尘，溅满了泥浆，鼻孔里喷着一股股热气，马嚼铁上尽是白沫。

“我对蒂法塔山上的朱庇特的令杖发誓，”一个上了年纪的市民对他年轻的同伴说，“这样的飞跑我只有在好几年前看到一次，当时苏拉在我们城外蒂法塔山的狄安娜神庙附近打败了马略派执政官诺尔巴纳斯的胜利消息也是由一队急使这样飞也似的赶来报告的。”

“看他们的样子，似乎是从罗马来的，可是又好像不是罗马骑士装扮的样子。”

“好像……从服饰上看，他们是两个……角斗士？”

来者正是斯巴达克斯和艾诺玛伊。他俩一离开罗马，就倾尽全力飞跑，一路上每到一个歇息的地方就换上新马，很快到达了苏爱萨波梅季耶。在这儿，他俩碰上了从罗马来的，同时也急着向加普亚狂奔，要把奴隶密谋起义的事件去报告给加普亚的一个百夫长和他的十名精锐的罗马骑士。这里多亏了斯巴达克斯的机智反应，才没让粗暴的艾诺玛伊酿成大祸。眼看着罗马的急使人多势众，且马快粮足，斯巴达克斯当机立断，马上离开了阿庇乌斯大道，星夜兼程地循着附近的小路前行，一边躲避着罗马的骑兵，一边加速赶往加普亚。

一路狂飙的斯巴达克斯和艾诺玛伊，终于在天黑前赶到了加普亚。谁知，好巧不巧的，就在这两人上气不接下气，刚刚要跑过加普亚提督府前往伦杜鲁斯角斗学校的时候，一脸撞上了同样气喘吁吁、汗流浃背的罗马急使。

“我诅咒朱庇特，诅咒诸神！该死的，难道我们伟大的事业就这样要完蛋了吗？”艾诺玛伊在心里咒骂道。这个强壮的日耳曼人浑身上下顿时青筋暴起。

面对这险到发颤的时刻，斯巴达克斯异常冷静。他满脸堆笑，神情自然地走到了这队急使面前。

“准备武器！”领头的百夫长喊道，“站住！你们是什么人？是角斗士吗？”

“是的，我们是角斗士。”

“那么，自然是从伦杜鲁斯·巴奇亚图斯的角斗学校里出来的了？”

“您弄错了，英勇的波比里乌斯大人，我们是梅季乌斯·李倍奥纳斯提督大人府中的侍从。”

“诶？你？你认得我吗？”斯巴达克斯这一问，反倒把百夫长问蒙了。

“我在我们主人家里看到过大人您好几次。”

“啊？真的？”波比里乌斯注视着角斗士说。但是黄昏后，愈来愈浓的黑暗掩盖了他们的容貌，百夫长尽力睁开疲惫不堪的双眼，打量着他俩魁梧的躯体，“真的，我好像见过……”

“我们是日耳曼人，提督大人派我们侍候我们高贵的太太莱丽雅·陀米齐雅，我们一向跟在她的轿子后面护送她。”

“不错！”百夫长证实道，“你说的都是实话。现在我认得你们了。”

“请长官想一想……我还记得碰到大人的情形，”斯巴达克斯带着一副天真纯朴的神情说，“那一天半夜里，在季杜斯·赛尔维里昂纳斯统领大人家的大门外，我们曾经碰到过大人。当时我和我的伙伴护送我们的太太陀米齐雅的轿子到统领家里去！我们的太太常常欢喜这样神秘地在半夜里出去游逛……”

“闭嘴！你就不怕你们的野蛮神吗？讨厌的日耳曼匹夫！”波比里乌斯大声喝道，他不愿意当着许多兵士的面，让这个奴隶毁谤提督太太的不很体面的举动。但很快，他又想起了自己紧急的任务。于是，百夫长又接着问道：

“那么，你们从哪儿来？”

“刚从我们主人的库玛别墅回来，我们护送一批贵重的家具到那边去。那批家具我们从昨天起就开始运送了。”仅仅踌躇了半秒钟，斯巴达克斯就从容地用极其自然的口气回答道。

“很好。”波比里乌斯考虑了一会儿以后，终于还是问道，“你们知道暴动的消息吗？知道在伦杜鲁斯·巴奇亚图斯角斗学校里阴谋发动的叛乱吗，嗯？”

“哎，长官，您说，我们能知道什么呢？”斯巴达克斯用最天真的口气回答，“如果伦杜鲁斯的那批疯狂而莽撞的学生决定谋反，他们当然不会对我们透露风声的，因为他们非常羡慕我们的幸运。我们在和善的主人家里的生活过得再舒服也没有了。”

“嗯，很好，很好。但是，今天晚上如果真的有角斗士造反的危险，嗯，我是说，我简直觉得角斗士们这个造反的想法非常可笑。但，如果这是真的，我的职务迫使我采取种种审慎的措施。所以，我命令你们！立刻交出你们的短剑！虽然极其和善的梅季乌斯大人对待他的奴隶非常好，比所有你们这批野蛮人应得的好得多。尤其是你们角斗士，卑劣粗鄙的小人，什么事情都干得出来的奴隶，快把短剑缴上来！”

听到百夫长出言不逊的口气和命令，暴躁而又鲁莽的艾诺玛伊险些又要把事情弄糟了。他“唰”地一下，怒气冲冲地一把抽出了自己的短剑，但斯巴达克斯镇静地用右手握住艾诺玛伊持剑的手腕，又用左手“唰”地一下拔出了自己的那一把，恭恭敬敬地将两把短剑都交给了百夫长。

“长官，瞧，它们都在这儿！现在它们是您的了。”

“滚吧！卑贱的角斗士，现在立刻从这里离开！”

斯巴达克斯握住了艾诺玛伊气得发抖的手，向百夫长鞠了一躬，然后拉着日耳曼人一起向城里走去。他们走得非常快，但又竭力不使自己引起任何嫌疑。

“噢，我的天呐，伟大的斯巴达克斯！你是怎么会知道这些……”

“我曾在这个伦杜鲁斯的角斗学校学习了四年。那时我就开始留心提督府的一切事宜，包括在酒馆听到有关这些贵族的名字和轶事。我很高兴能在黑夜的帮助下，完成这个巧妙的计策。但现在，艾诺玛伊，你必须给我紧闭上你的嘴，收起你那暴躁的脾气，不然我们的事业就真的要遭殃了。”

就在斯巴达克斯和艾诺玛伊经受了极大的挑战并且奇迹般地逃脱了危险以后，根本顾不上喘息的两人，在循着阿尔邦街，刚刚走到角斗学校时，还是无奈地发现，城里出现了喧闹、忙乱、慌张的现象。

终于，起义还是暴露了。

与此同时，加普亚的提督已经准确地通知到了伦杜鲁斯角斗学校的老板，巴奇亚图·伦杜鲁斯。提督警告伦杜鲁斯，角斗士的暴动不仅对他的学校有极大的危险，而且威胁着城市和整个共和国。现在他已经派遣了大统领季杜斯·赛尔维里昂纳斯率领两大队罗马精锐野战军和一整个编队的加普亚城防军赶来学校支援。

伦杜鲁斯在听完提督使者的报告后，顿时吓得目瞪口呆，一句话也说不出来了。如果不是周围的人催促他赶紧采取紧急措施以应对危局，天知道他还会这么呆呆地站上多久。

清醒过来的伦杜鲁斯，立刻下令让两百五十名城防军和在学校中服务的两百五十名奴隶悄悄武装起来，切不可让角斗士们察觉。接着，他命一队人去封锁角斗学校的武器库；另一队人则前去关闭角斗学校的所有大门。

吓坏了的、脸色惨白的伦杜鲁斯在做完一切准备后，第一个跑向了角斗学校最大，也是最坚固的福尔金娜门。接着，武装起来的兵士和奴隶也慢慢走向各自防守的位置。对此，伦杜鲁斯还是不放心，他又委任了他手下最勇敢的老兵组成两个十人队，一队派去加强武器库的防守；一队负责在福尔金娜门保护自己。

虽然伦杜鲁斯采取了这一连串最正确的（至少在他看来是）预防措施，但他的头脑还是极其混乱，心脏也跳得非常剧烈。因为谁也没有他明白，这一万名他亲手调教的角斗士的本领是如何高强。一旦暴动成真，这将是一场多么巨大而又可怕的灾难啊。

终于，在半个小时后，大统领赛尔维里昂纳斯也赶到了。他是一位年仅二十八岁的罗马重剑士。他对危险毫不畏惧，甚至有些自负而鲁莽。他为了执行上司的命令，使提督感到满意，就亲自率领了原在苏拉手下、战功赫赫的加普亚最精锐的两大野战大队中的一整个大队赶到角斗学校。

“伦杜鲁斯，怎么回事？你们这儿有没有发生什么变故？”

“啊！愿朱庇特保佑你！谢天谢地谢马尔斯！欢迎欢迎！强壮的赛尔维里昂纳斯！”

“告诉我这儿究竟发生了什么事！暴动的人在哪儿？”

“目前还没有发生什么变故，而且也没有什么叛乱的征象。”

“很好，那么，你采取了一些什么措施？”

于是，伦杜鲁斯就简略地把他的措施告诉了统领，并急切地向大统领表示，他完全信赖大统领的英明，并且愿意绝对服从他的命令。

大统领赛尔维里昂纳斯对应当采取什么步骤仔细考虑以后，从自己的大队中抽出二十名兵士去加强伦杜鲁斯派去防守武器库和出口的各个分队，而且下令除了福尔金娜门之外，把所有的其他门彻底都封锁了。他自己和包括两百六十名兵士在内的主要力量，则留在福尔金娜门旁，准备机动地援助任何需要援助的地方。

当伦杜鲁斯和赛尔维里昂纳斯把这一切都安排妥当后，天色刚好全黑。角斗学校里表面上静悄悄，可在每一个院子里，都聚集着一个大队的角斗士。他们一个个列成密集的行军纵队，每一队都是十六人宽三十二人长。他们宛如号称百战之师的罗马军团一样，寂静无声地站在那里，等候着斯巴达克斯。

也就在这时，斯巴达克斯和艾诺玛伊赶到了学校。此时的艾诺玛伊绝望地发现，角斗学校所有的门和巷子都被成队的、全副武装的罗马军士堵住了。

难道一切都迟了吗？不！没有！斯巴达克斯立刻让艾诺玛伊踩着自己的肩膀爬上了学校的一处围墙，接着他又让强壮高大的艾诺玛伊把自己拉了上去。

两人终于翻进了学校，来到了一队角斗士的身边。

当斯巴达克斯和艾诺玛伊出人意料地出现在院子里的时候，角斗士们立刻认出了他们的领袖，几乎就要欢呼出声，斯巴达克斯赶紧做出一个静音的手势。

“不要出声，整齐地站好。别说话！”斯巴达克斯尽可能地压低嗓子。

角斗士们立刻就恢复了平静，斯巴达克斯接着问：

“领导你们的一批统领和百夫长呢？”

“就在附近的阿芙乐尔院（伦杜鲁斯角斗学校有好几个“学院”）

里开会，讨论对付当下的办法。”一个千夫长从队伍里出来报告，“学校已经被罗马的大队兵士包围了，武器库也被好几分队兵士防守起来了。”

“我知道了。我现在马上就去阿芙乐尔院。而你们，为了天堂与地狱里所有的神，我命令你们严守秩序保持肃静！”

说完斯巴达克斯立刻走向了阿芙乐尔院，约莫有两百名左右的角斗士领导人正聚集在那儿开会，他们在几支火炬的照耀下，商讨应付危局的计划。

“斯巴达克斯？是你吗？”起先只有三五个人注意到了斯巴达克斯的到来，接着其余的人跟着喊，“是斯巴达克斯！他是斯巴达克斯！”在他们几乎绝望的面庞下，其声音交织着欢喜和希望。

“我们已经完蛋了！”主持会议的角斗士说。

“还不见得，”斯巴达克斯说，“如果我们能够夺到武器库，哪怕是一个也好。”

“我们现在没有任何武器，如何能够做到？而且一旦武器库出现骚动，大队的全副武装罗马士兵很快就会攻打我们，然后把我们剁成肉酱！”

“你们准备火炬了吗？”

“我们准备了三百五十支到四百支火炬。”

“那么，这就是我们的武器！”斯巴达克斯突然昂声说道，“战士们！在我们学校的一万名角斗士中，你们无疑是最勇敢最刚毅的。我们这批不幸的弟兄们选你们做指挥官是绝对不会错的。今天晚上，你们必须拿出全部的毅力和勇气来证明。回答我，自由的战士们，你们是否已经准备担当一切？”

“时刻准备着！”

“你们是否准备好，即使赤手空拳和武装的罗马兵士进行搏斗，也要胜利的信念？”

“时刻准备着！”

“你们是否有一颗，必将为了自由的意志而牺牲的决心？”

“我们时刻准备着！应付一切！担当一切！牺牲一切！”

“很好！那么，这就是我们的武器了，这就是我们最强大的武器，足以击垮罗马重甲精锐们的武器！大家伙儿快啊，把所有的火炬拿到这儿来。如果可能，最好再把火炬增加到两倍、三倍。我们要把它们点燃，然后我们冲到最近的那个武器库那儿去，把防守的兵士们赶走，烧毁库门。用里面的兵器把大家武装起来，以便我们争取伟大的胜利。我对奥林匹斯山上的所有神向你们起誓，我们还绝不至于没入绝境。自由的战士们啊！现在拿起你们最强大的武器，今夜，众神必将站在我们这一边！”

斯巴达克斯的脸上发出了非凡的光彩，他的两眼炯炯发光，他的相貌也显得分外英俊，他的信心和热情就好像一股洪流，直通所有聚集在这儿的角斗士的心里，使这群胡乱、混沌、士气低落、东拼西凑的杂牌军瞬间成了不可战胜的精锐。一刹那间大家都纷纷向另一个房间扑去。那个房间里，贮藏着具有远见的斯巴达克斯叫他们从阿芙乐尔角斗院及其他七个角斗院里收集来的所有火炬。

角斗士们把火炬像短剑一般挥舞了一阵，然后点起火来，接着，他们充满了狂怒，直扑向最近的一处武器库。

此时，从罗马赶来的百夫长波比里乌斯在加强了加普亚各城门的警卫哨以后，亲率三百城防军来到了伦杜鲁斯角斗学校，同时，提督大人也从府上调来了七百名分别由七个百夫长独立指挥的府兵，前来支援福尔金娜门。提督、赛尔维里昂纳斯以及从罗马来的波比里乌斯都坚定地认为，凭借这样强大的军力，一定可以把角斗士们都赶回笼子里去！

角斗士学校内，正当斯巴达克斯和艾诺玛伊带领着起义军们准备冲进通武器库的走廊时，一阵军号声突然震破了深夜的寂静，在角斗士们等待的各个庭院中引起了苍凉的回响。

“静！”斯巴达克斯喊道。他一面倾听，一面用右手挥了一下，叫那批用火炬武装起来的角斗士们停下来。

果然，军号声才歇，立刻听到了一个传令官的喊声，他以罗马元老院的名义，要求造反的角斗士们立刻分散，回到各自的卧室中去；他警告道，如果他们不服从命令，在第二次军号声以后，罗马的军队就要用武力镇压他们。

对这一要求的回答是一阵洪亮、持续的怒吼。但是，传令官的那番话还是像深山中的回音一般，在每一个聚集着角斗士队伍的院落门前，一次又一次地重复着。

斯巴达克斯聚精会神地考虑了好几分钟。他的脸显得阴沉而又可怕，两眼注视着地面，好像在跟自己商量。接着，他转过身子对起义军说：

“战士们！如果我们现在准备进行的攻击获得成功，我们就可以得到大批短剑，我们就可以用它们来夺取学校中其余的武器库，取得胜利。但是，我们如果遭到了失败，为了使自由的事业不致全部毁灭，我们就只剩下一条出路。两个军团的百夫长必须离开这儿，回到自己的弟兄那儿去，如果在一刻钟以后，他们还听不到我们自由的颂歌，就让大家悄悄地回到各人的房间里去，因为这表示我们没有夺到武器。那时候，我们就得打破或烧毁赫克里斯门旁围墙下的小栅门，跑到墙外的迦尼米提斯酒店里去。在那儿，我们用拿得到手的不论什么东西武装起来。然后，我们一路冲出去，克服一切阻碍，不管我们活下的人有几个，一百个、六十个、三十个，全部前往维苏威火山下扎营。我们就在那儿举起自由的战旗。让我们的弟兄，不论带武器还是不带武器，一律取最短的捷径，成群结队或者独个儿聚集到那边去。我们被压迫者推翻压迫者的战争将要在那边开始！”

斯巴达克斯很短促地沉默了一会儿，高声下令道：

“阿尔莫季乌斯，克鲁维昂纳斯！我以最高领导者的名义，命令你们，出去！”

“不，斯巴达克斯……”

“执行命令！”斯巴达克斯暴喝道，然后他头也不回地，第一个冲向了武器库。与此同时，罗马的标枪弓箭也宛如狂风暴雨般对着起义军袭来。

这是极其可怕的一刹那。在骤雨一般的致命火力下，手无寸铁的角斗士们发出一阵阵的惨叫、咒骂和怒吼，纷纷向院子周围的门户退去。但这阵“暴风雨”却依然没有减弱的趋势。于是，角斗士们的撤退很快就转变为恐慌的溃退。他们在门旁挤成一堆，在走廊里猛烈地挤轧，没命地向自己的房间跑，有的跌倒了，有的压作一堆，有的互相践踏。伦杜鲁斯角斗学校的各个角落里都是他们的咒骂声、叫喊声、哀号声、哀求声、祈祷声，受伤的人和将死的人的呻吟声。

这一阵阵哀号和四散奔逃的角斗士们，使聚集在别的院子里的大队角斗士感到恐慌，逐渐消失了勇气；他们的队伍很快变得稀疏起来，接着乱成一团，终于完全溃散了。如果这批人能有武器，他们一定会奋起战斗，或者一直打到只剩最后一个人，或者大获全胜，即使处在两个罗马军团的压迫下也没有关系。但在当时，这批手无寸铁、只能听凭别人屠戮的角斗士们，却不能够也不愿意聚集在一起了，即使是一刻钟也不行，每个人只想到自己的生路。

斯巴达克斯和艾诺玛伊却毫无畏惧，他俩肩并肩宛如雄狮一般战斗着。狭窄的走廊不允许四个人以上的队列战斗，因此他们很快就把武器库门前的兵士赶开。他们二人的英勇立刻激励了一百多名持有火炬的角斗士们。他们包围了一部分兵士，缴了他们的械，夺取了他们的武器。

其余被火炬灼痛的罗马城防军们发出惨叫，终于开始了退却，起义军们也冲到了武器库前。然而，由赛尔维里昂纳斯和波比里乌斯率领的罗马野战军却压了过来。

斯巴达克斯深知，这些身披六十斤重的奥利哈钢甲、手持二十斤重的双手巨剑且佩戴二十斤重的门板状巨盾的罗马重甲兵根本不是火炬能对付得了的。再加上，当他看见慌了神的起义军们已经开始乱七八糟地奔逃时，斯巴达克斯知道，各个院子里的队伍都垮了，现在只留下最后一条生路，那就是冲出角斗学校，前往维苏威火山。

于是斯巴达克斯拉过鲁莽的、企图要和罗马重甲兵死斗的艾诺玛伊以及那一百多名被激励的且有些粗略武装的起义军战士们一起，迅速向赫克里斯门旁围墙下的小栅门奔去。

他们成功地突破到了小栅门前，一个新的问题又出现了。如何“打开”

这道门？用火烧？那至少得半小时！此时，赛尔维里昂纳斯和波比里乌斯正率领加普亚最精锐的野战军向他们压过来，而城防军也都正从各个巷子和通道中向这里围过来。他们是决不会给起义军一段如此宝贵的时间的。可是，除此之外，角斗士们既没有斧头也没有铁锤，他们根本无法捣毁这道门。怎么办？怎样才能迅速地打开这一个出口呢？

惊惶而又激动的角斗士们仿佛一个个无头苍蝇般在找寻着破门的工具。突然，艾诺玛伊看见附近横着一根大理石柱子，粗犷的日耳曼汉子立刻喊道："最强壮的都给我站出来！"

立刻就有七八个最高大最强壮的角斗士跑了出来，站在艾诺玛伊前面。于是艾诺玛伊用老练的眼光向他们打量了一下，向大理石柱的一端俯下身子，接着对一个几乎和他自己一样高大强壮的沙姆尼特人说："喂，把你和死神搏斗的力气都拿出来吧。你把石柱的那一头扛起来。"

起义军们马上就明白了艾诺玛伊的用意。他们纷纷让出了栅门前的空位，而艾诺玛伊和那个强壮的沙姆尼特人便毫不吃力地扛起了那根石柱，并且把它扛到栅门前面。接着，只见他们举起这根巨大的石柱向栅门撞去。而栅门便在可怕的撞击下发出了破裂的声音。

当这样的撞击重复到第三次时，那道栅门终于裂开来倒在地上了。起义军连忙在斯巴达克斯的指挥下，熄灭了火炬，悄悄地穿过这一出口，循着城中昏暗、狭窄的街道向迦尼米提斯酒店走去。

迦尼米提斯酒店是离角斗学校最近的酒店，也是角斗士最常到之处，因为酒店老板是个参加起义密谋的释放角斗士。他是斯巴达克斯的好友，曾经为被压迫者同盟做了不少工作。

斯巴达克斯和两百多个角斗士非常小心地保持极度的肃静前进。他们悄悄地一个跟着一个地走去。接着，他们听到了斯巴达克斯低声的命令，就一齐停了下来。

斯巴达克斯让艾诺玛伊守在门外，自己带着八个人进了酒店。酒店的老板，那个释放角斗士的人，正在为斗争的结果担心害怕，因为他已经可以从角斗学校里传来的呼喊和闹声中揣测到一部分情况。他出来迎着角斗士同情地问：

“怎么样？有什么消息？战斗进行……”

“维比尼乌斯，把你所有的武器统统交给我们。把一切可以在我们这些无畏的人手中变成武器的家伙统统给我们！”斯巴达克斯一边打断了他的问话，一边顺手抄起一根粗大的炙肉叉子，然后一把把挂在墙上的斧头拿了下来抛给了艾诺玛伊。接着，他又收集了一大把菜刀、棍子和镰刀走出酒店，把这些“武器”分发给起义军们。同时带走的还有三架小木梯和几条绳索。

就这样，起义军由斯巴达克斯领头，艾诺玛伊殿后，其余的人在中间悄悄地跟着，向罗马军队和加普亚城防军扼守的那条街道前进。这时，提督指挥的错误就开始显现了。由于他把一整个罗马精锐的野战大队和大部分的城防军都布置在了角斗学校，导致偌大的加普亚城就只有少部分的城防军配合另一个大队防守。罗马军队的密度陡然缩小，这导致本来以斯巴达克斯为首的、人数非常处于劣势的起义军，总是能在某个局部形成人数优势，一股一股地把分散的罗马士兵们消灭。

正当加普亚城在黑暗中一片混乱的时候，波比里乌斯首先反应了过来。他立刻召集了一小队轻骑兵直奔斯巴达克斯而去。

虽然场面是如此的混乱和嘈杂，但那清脆的马蹄声一经响起，还是被斯巴达克斯敏锐的耳朵捕捉到了。

罗马，他们终于出动骑兵队了吗？此时此刻，驰骋起来的骑兵比笨重缓慢的重甲兵更令起义军绝望！

“我们必须留一半人在这儿，这一半人必须把追兵抵挡半小时，以便让其余的一半人越过城墙逃出去。”斯巴达克斯的声音有些颤抖了。

“我留在这儿。”艾诺玛伊说。

“不，艾诺玛伊，你领着弟兄们上维苏威火山，我留下来。”

“不，不，斯巴达克斯！不可以！无论如何都不行！如果我死了，你可以继续领导战斗，你死了，那就什么都完了！”

“不！艾诺玛伊！我不会丢下你的！”

“快跑，你快跑，听着斯巴达克斯！你必须活下去，活下去！为了自由，为了自由的意志！你必须活下去！快跑！快跑啊！”

“斯巴达克斯！你快走，我们和艾诺玛伊一起留下来！维苏威火山见！”八九个角斗士一边把斯巴达克斯往身后推，一边齐声喊道。

“维苏威火山见了！色雷斯的兄弟！”

斯巴达克斯的眼睛里充满了热泪，他用力跺了下脚，狠狠地转过头向维苏威火山跑去。

“再会！艾诺玛伊……我……我在维苏威火山等着你！”

斯巴达克斯带着一部分角斗士和奉艾诺玛伊的命令拿着梯子跟来的人，在通城墙的那些迷宫一般难走的小巷中隐没了。剩下的人，跟着艾诺玛伊闯进附近的屋子，把所有凳子、床架以及别的家具从窗户丢到外面，筑成一道街垒，用以阻挡波比里乌斯的骑兵。

“来啊！波比里乌斯，来自罗马的自诩高贵的战士啊！现在就让你看看，你眼里卑贱的角斗士、低劣的日耳曼人的战斗！统统下地狱去吧！”

共和国人物故事卷：

光明之愿

身后是艾诺玛伊的怒吼和咆哮，还有短剑碰撞在一起的“叮当”声。这批死里逃生的角斗士小队伍，很快离开了两旁尽是花园、房屋和葡萄园的大路。他们利用事先准备好的绳子和梯子，快速翻过了加普亚的城墙，躲入了加普亚城外的密林小径中。

尽管斯巴达克斯心情沉痛，他清醒的理智还是战胜了敏感的情绪。

艾诺玛伊不能白白牺牲了，他们必须抵达维苏威火山，在那里重整旗鼓。

斯巴达克斯一行就这样，越往峻峭的地方走，周围的景色就越发荒凉。黑夜里，寂静无声的树林也渐渐地被灌木丛和矮小的野蔷薇所替代。

在开始上山的时候，起义军们一路上还遇见了好多农夫和垦荒汉，他们挽着篮子或者牵着驴子下来，把蔬菜和水果运到庞贝、那不勒斯和赫鸠娄纳姆的市场上去卖。他们诧异而又惊讶地望着武装的队伍。在斯巴达克斯严厉的领导下，尽管起义军已是十分劳累且饥渴难耐，他们还是排着整齐的队伍，没有一个人胆敢洗劫这些同样贫苦而不幸的农民。

当角斗士和奴隶们进入高处的树林以后，这些农夫和垦荒汉们也逐渐愈来愈稀少。此时，起义军们就只能偶尔碰到个别的牧人带着一小群绵羊和山羊在矮树丛、峭壁和峻坡之间的草地上放牧了。

羊群的咩咩声不时地在山中引起忧郁的回响，第二天清晨的光芒也刺破了远方的云霞。透过那层层叠叠的山中迷雾，加普亚的城楼在一片迷蒙中，若隐若现。

“艾诺玛伊，愿马尔斯保佑你……”

经过两小时左右的艰苦攀登后，起义军终于来到一片宽阔平坦的岗地上。从那儿再向上几百步就是维苏威火山的绝顶，永世不化的厚厚的积雪，像一张巨大的白膜似的蒙住了它。斯巴达克斯决定在这儿扎营，建立哨戒。当战士们坐下来休息的时候，他就绕着这片岗地仔细巡视了一番。岗地的一边，蜿蜒着一条陡峭的崎岖不平的小径，那就是他们上来的那条道路；岗地的另一边是不可攀缘的悬崖峭壁；从岗地的第三边，可以望见对面的山峰，在那些高山的山脚下，在那树林茂密的峭壁下面，伸展着一大片阳光灿烂的田野，上面点缀着葡萄园、橄榄树林、小树林和草地。这就是广阔而又富饶的瑙拉和努采里亚平原，它一直伸展到显现在远处地平线上的阿平宁山的山坡下。在这一边攀登或是下降，要比他们上来的那一边还要困难得多，因此，岗地绝对不会在这面受到攻击。

斯巴达克斯选中的那片营地的南方，朝萨列尔纳姆的那一边，也是安全的，不可接近的。因为岗地耸立在一个深渊旁边，深渊四面尽是垂直的悬崖峭壁，它的形状好似一只张开深渊的巨口，凝视着胆敢靠近它的任何生命。要想攀缘这些峭壁，别说是人，连羚羊也不可能。

在这一个深渊中，亮光只能从山岩的缝隙中照进来。深渊的外部是一个峡谷，可是再往前去就出人意料地突然显现一个出口。那个出口通向草木繁盛的山坡地带，那些山坡又往外伸展了好几千米，直到和又一片平原连成一片。

经过周密地考察后，斯巴达克斯相信这一片营地能足以坚持下去，直到罗马、拉文纳和加普亚的援军赶来。他命起义军中的一个中队，带上普通的斧头和战斧到附近的森林中去砍伐木柴。这样，他们就可以生起一堆堆营火，使角斗士们不致受到夜寒的侵袭。即使这片岗地并非如白雪皑皑的山顶一般寒冷，维苏威二月的凛冬之风，在这山腰处，也是足以要人命的。

接着，斯巴达克斯在岗地的东边布下一小队哨兵，又派了另外半中队角斗士去守卫他们来时的那个方向。这里必须十分小心，因为在那儿的道路尽头，正是“伟大的人”庞培的所在之处。斯巴达克斯下令务必要悄悄守好这个地方，切不能让任何风声传到庞培的耳朵里去。

黄昏时分，派去砍柴的中队回来了。这支队伍不仅带来了生营火的木柴，还带来了好多树条和枯枝，他们准备在这片岩石很多的岗地所能许可的限度内，用它们来构筑茅棚和障碍物。他们有些人开始坐下，并用采集来的坚韧的柳条编制一些草纹盾，用于稍稍抵挡下罗马军队里可怕的标枪箭雨。

另一部分的起义军，在斯巴达克斯的指导下，在他们上来的那条小径上筑起防御工事。他们用树枝和大石块塞住了那条山路，横切路面掘了一道宽阔的壕沟，又迅速地在沟旁用石头、泥土和树枝堆成一道土垒，这样就把这片营地唯一容易遭受进攻的部分牢牢地防守起来了。斯巴达克斯在这道防御工事后面布下了半个中队的岗哨，又在工事下面的山路上用同样的方法建筑了另一道防御工事。这还没完，在这道工事的外围，斯巴达克斯还派出了另一整个中队去建立并扼守住这一离营地足有八百米的最远的前哨阵地。

在这一切都安排好后，斯巴达克斯才下令全军修整。于是，被这两天来的焦虑、困苦累得精疲力竭的角斗士们，很快就睡熟了。在第一支火炬燃着的时候，营地上就已经显出一片静寂而又安宁的景象。快要烧完的营火，映出了睡熟的战士们动也不动的躯体，以及构成这幅奇异图画的背景的黑色岩石。

只有斯巴达克斯一个人还醒着。他那神采奕奕、如同擎天神阿特拉斯一般的高大身影，在快要熄灭的营火的映照下浮动着，好像巨人的幽灵一般。按照当地的神话和传说，古时在这一带有一群向神王朱庇特宣战的巨人，他们就在维苏威山旁的法莱葛烈平原上扎营，决定把这儿的许多高山叠成梯级，向天空冲击。

在这无所不包的极度静寂中，斯巴达克斯动也不动地站了很久。他用右手托住他那吊在绷带上的左手，眺望着伸展在山脚下的大海。他目不转睛地注视着停泊在加普亚港湾中的一艘大船上面的灯火。

他的眼睛虽然注视着海湾的灯火，思想却沉浸在焦虑和沉思中。这焦虑和沉思把他带得很远很远。他的思想正在他的故乡色雷斯的高山顶上飞翔。他记起了无忧无虑的幼年时代和青年时代，那些幸福的日子好像那一阵阵温和的微风那样消逝了。突然，他那显得非常宁静、爽朗的脸变得阴暗了：他记起了罗马人侵入的情形，记起了流血的战斗和色雷斯人的溃败，他们成群的家畜被抢光了，他们的家园遭到了毁灭，他们的亲人做了奴隶而且他自己……

突然，沉浸在回忆和默想之中约莫有两小时之久的斯巴达克斯哆嗦了一下，凛冽的寒风将他从热血的回忆中带了出来。他试图为自己的命运叹一口长长的气，但最终他没能做到。于是，他决定稍微在茅棚里躺下睡一会儿。这所茅棚是起义军们不顾他多么激烈的抗议，硬是为他修成的专属茅棚。他们用树枝搭成架子，在顶部盖上好几张猎来的羊皮。

在正式躺下前，斯巴达克斯决定最后一次倾听一会儿四周，把头向他们上来的那条通向庞培驻地的山路转了过去。

这一次，斯巴达克斯好像听到了一些什么声音。但四处的寂静很快淹没了那一点点的异象之动。唯有一阵阵的微风不时吹过，树林里的枝叶在寂静中吱呀作响。

但是，斯巴达克斯是如此相信自己的第六感。他顿时睡意全无，径直向茅棚外走了几步。他竖起身体里的每一根神经，几乎让自己的心脏跳动都停止了下来。

他仔细地倾听着，倾听着一切可能有的罗马士兵们的动向。

他向前一天筑成的土垒转了过去，低头沉思了一会儿："难以置信，他们怎么可能这么快？"

在这静寂的夜里，斯巴达克斯忽然抄起一根由前端被削尖的木棍所制成的简易标枪，瞄准他正前方的一处草丛大声喝道：

"谁？！"

没有人回答，但这一声大喝很快惊动了四周的哨兵，他们纷纷围了过来并用更大的声音喊道：

"准备武器！"

土垒后面顿时发出一阵纷乱的声音，起义军们纷纷爬了起来，准备好武器，在障碍物后面迅速列成战斗队形。

斯巴达克斯将手举起，示意起义军们肃静，然后他镇定地传令下去：

“他们准备攻打我们……但绝没有人能够从这儿通过。”

“谁也不能通过！”起义军们低声吼道。

“来一个人，到各营地去向大家发警报，并且用我的名义要求大家严守秩序，保持肃静。让我们把这些傲慢的罗马士兵们，围剿在这里，决不能漏过任何一个让他们去警告山那边的庞培！”

一个哨兵立刻从斯巴达克斯身后走出，开始缓缓接近草丛。也就在这时，这堆草丛里忽然窜出一支队伍，为首的人高大强壮，但却有些蓬头垢面。他高喊着：“坚持！胜利！”

“艾诺玛伊！是你！是艾诺玛伊！”突如其来的惊喜，冲击着斯巴达克斯的大脑，他不顾一切地冲过去，紧紧抱住了这位日耳曼高大的战士。

“坚持！胜利！是啊，是我，斯巴达克斯！我伟大的领袖啊，你看，跟我在一起的还有陆续从加普亚城逃出来的九十个弟兄呢！”

“啊，艾诺玛伊，我亲爱的艾诺玛伊！你还活着！你还活着！我真没想到，这么快……这么快……就能再见到你！”

“哈哈哈！波比里乌斯，那个骄傲的笨蛋，我一把把他从马上扯下来，然后一下就劈开了他的头盔。罗马人被惊呆了，他们手忙脚乱地把他们的指挥官抢救下去，我就趁乱带着兄弟们溜出来了。”日耳曼人一边狂笑道，一边用他的大手抚摩着斯巴达克斯那金发浓密的脑袋，还不断地吻着斯巴达克斯的前额。

艾诺玛伊的平安归来，使全营地的人都感到非常快乐且骄傲。他们重新把木柴投到营火中，为新来的起义军们做了些简便的食物。尤其是他们慷慨地拿出了面包、干酪、水果和坚果这些“奢侈品”开始大快朵颐。在这乱哄哄的声音中，一切惊叹、询问、回答和叙述都混成了一片。到处都是诸如“啊，你在这儿？”“你好吗？”“你怎么走的？”“你们怎样来到这儿的？”“地形很不错，在这儿可以防守……”“是啊，我们真幸福！”“加普亚那面怎么样？”“大家怎么样？”“季曼德尔怎样了？”“可怜的人！”“牺牲了？……”“那是勇士们的死法！”“那么庞毕季乌斯呢？”跟我们在一起？”“喂，庞毕季乌斯！”“伦杜鲁斯角斗学校怎么样？”“好像雪堆碰到太阳一般融化了。”“所有的同志都会上这儿来吗？”“都会来的。”等等此类的问答和呼喊声。

在那一阵阵乱哄哄的谈话以及由艾诺玛伊平安归来而引起的希望和期待的倾吐中，直至夜深，铺天盖地的静寂和安宁才又一次回到起义军的营地上。

第二天拂晓，十个奴隶和角斗士奉了斯巴达克斯的命令，吹起号角、芦笙和横笛，把熟睡的角斗士们唤醒。斯巴达克斯和艾诺玛伊把同志们排列成军事队形以后，对他们做了一次检阅。他们发了新的命令，把以前发下去的命令做了某些必要的更改，并且激励每一个战士，努力使大家尽可能更好地武装起来。接着，更换了前哨，从营地里派出两个中队战士，一个中队去打猎，另一个中队则到树林里继续去砍柴。

留在营地里的角斗士们，则开始拿起各种工具从山岩上搬运石头。他们准备利用带来的绳索制成掷石机，向敌人投掷石头。

一天后的清晨，当斯巴达克斯如前几日般眺望山脚处时，他看见了罗马军队的旗帜。于是，他即刻找来了艾诺玛伊，并聚集起了所有的起义军们。

“艾诺玛伊，你带了个尾巴过来。”

“那是大统领赛尔维里昂纳斯。当我击溃波比里乌斯之后，他发动了两个加普亚的野战大队四处围捕我。我逃了出来，但是不幸留下了踪迹到这里。”

“他们有多少人？”

“约莫一千。”

“很好，我见过这个赛尔维里昂纳斯。他和波比里乌斯一样，是一个骄傲的笨蛋。”

“但他远比波比里乌斯要强壮且著名得多。”

“战术！我亲爱的艾诺玛伊兄弟。我并不担心赛尔维里昂纳斯和他那隶属于前独裁者苏拉手下的两个野战大队。我担心的是，我们在这里的秘密，已经被泄露给了庞培。但首先，让我们先解决眼前这个自以为是的莽夫！”

那一日，赛尔维里昂纳斯在扑灭了绝大多数暴乱的火星子后，发现还是让斯巴达克斯溜走了。同时，他向元老院的使者狠狠嘲笑了已经被艾诺玛伊打晕过去的波比里乌斯。这位勇敢的青年，很希望能从镇压叛乱的战事中获得盛誉和高官厚禄，因此他向元老院的使者表示，请求允许他带领曾隶属于苏拉的两个加普亚野战大队，去追赶这批逃亡者，并把他们的脑袋悬挂在长矛之上立于加普亚大道两旁示众。

这一建议立刻得到了元老们的同意。他们一致赞成大统领的建议。接着，他们又颁布了两道命令。一道是用获得两泰伦脱（一种价值总在变动的罗马货币，读者们可以理解为黄金百两）的巨额悬赏斯巴达克斯和艾诺玛伊两人的头。

第二道命令则是，批准大统领赛尔维里昂纳斯率领驻加普亚的两大野战队出发追剿斯巴达克斯和艾诺玛伊。同时，允许赛尔维里昂纳斯再调动最多三个加普亚城防大队，作为后援。

得令当晚，赛尔维里昂纳斯就出发了，他毫不遮掩地带着这两支曾在苏拉手上战功赫赫的野战大队，急吼吼地冲向维苏威火山。虽然这支百战精兵，在行动时竭力不发出声响，但在赛尔维里昂纳斯轻敌且急切的行军下，还是过早地暴露了目标。

当荒凉的山岩上响起的军号在深不可测的峡谷中发出重复的回声时，角斗士们已做好了战斗准备。大统领赛尔维里昂纳斯带着两个大队的加普亚野战军，首先向起义军的营地冲了过去。起义军们反应也十分迅速。他们在斯巴达克斯的号召下，以有秩序、有节奏且宛如这群苏拉老兵般的阵势，向赛尔维里昂纳斯的部队开始反击。

漫天的石炮和弓箭标枪混杂在一起，呼喊声更激烈了，双方的接触已转变为残酷的流血战斗。

斯巴达克斯从悬崖顶上观察着全部战况，他的队伍就在那片悬崖上列好了战斗队形，他用那比得上军神汉尼拔和征服王亚历山大的洞察力，立刻发觉到这位鲁莽、轻率又自负的大统领犯了极大的错误。赛尔维里昂纳斯的兵士不得不在狭窄的山路上用密集队形作战了。他们最前面的战线能比十人的行列更宽。由于这一个特点，又长又密集的罗马人的队伍就完全处在冰雹似的石块打击之下了。角斗士们投掷下来的石头可说每一块都击中了目标。斯巴达克斯看出了罗马人的错误，就在环境所许可的程度之内，竭力来利用这一个错误。他让自己的战士们向前移动，接着在营地边缘朝着发生战事的方向，按照营地的宽度排列成两行，然后他命令他们用全力向敌人不断地投掷石块。

“自由的战士们！再坚持一刻钟，罗马人就要撤退了！”斯巴达克斯叫道，他占据了营地边缘最前面的位置，开始用石块向罗马兵士掷去。“那时候我们就紧紧跟上去追击他们，用我们的短剑解决他们！”

一切都按照斯巴达克斯的预见实现了。虽然刚毅的赛尔维里昂纳斯和好些勇敢的兵士已经冲到土垒前面，并且用长矛和双手巨剑攻击起义军，竭力想冲到土垒后面去，但在队伍第四排至末尾的罗马兵却只能白白挨打。无论是双手巨剑还是长矛都不够距离攻击到前排的土垒，这让人数本就劣势的起义军，在局部反而形成了以多打少的局面。冰雹似的石炮更猛烈了，尖锐且沉重的石炮，最终还是敲破了罗马士兵身上那由奥利哈钢打造的头盔和铠甲，有的石炮则更直接地落到他们头上，把他们打昏或者打倒在地上。

罗马士兵们开始受伤流血了！

很快，赛尔维里昂纳斯的队伍就支持不住了，这支百战精英开始向后退去，可这是在并不平坦的山道上啊！于是，终于有一个罗马士兵一脚没站稳，摔到了另一个罗马士兵的身上。这一个小小的切口，一下子就导致了整个罗马军队的崩溃。趁此机会，起义军们立刻全从土垒后面跳了出来，奔下去追击敌人了。他们狠狠地把已是乱成一团的罗马士兵们踹下深渊。赛尔维里昂纳斯还没有放弃。满脸是血的他，终于在山脚处站稳了脚跟。他一边与起义军激烈地战斗，一边歇斯底里地大喊着斯巴达克斯的名字。

“来啊！卑劣的奴隶！可憎的暴动者！你可敢与我这个勇敢的罗马战士一对一死斗？来！让我用手中的利剑，将你一片片撕碎！斯巴达克斯，你出来啊！出来啊！”

起义军团团围住了孤独的赛尔维里昂纳斯，斯巴达克斯走了出来。他提起短剑与身着重甲的赛尔维里昂纳斯一对一角斗。尽管赛尔维里昂纳斯坚信用奥利哈钢打造的重甲依然是坚不可摧的，但当斯巴达克斯灵巧地用短剑挑断了连接每一块盔甲的麻线，而赛尔维里昂纳斯却因为沉重的盔甲而总是无法灵活应对时，他终于感受到了绝望。

两个野战大队、且战功赫赫的罗马士兵们被完全打垮了。约莫有四百多名兵士包括大统领赛尔维里昂纳斯战死，其余人统统沦为俘虏。起义军这边仅战死三十人，负伤五十人。

然而，还没等打了大胜仗的起义军们再度升起欢乐的营火，又一队罗马士兵出现在了维苏威的山脚。

这一次，就连勇敢的艾诺玛伊的眼睛里，都露出了无法控制住的恐惧和慌乱。

因为他们每一个人，都认得那面绣着金红色条纹的旗帜。这样的旗帜，从来都只属于一个人，那就是“伟大的人”庞培！

“该死！这群没完没了的罗马人！我诅咒众神，我们这支小小的队伍，怎么就惊动了这个要命的混蛋？”

“冷静！艾诺玛伊，这更加证明了我们的事业是宏大且充满力量和影响的！”

“斯巴达克斯，告诉我，你有预料到这样的情况！告诉我，你知道如何对付他！”

山间的风儿吹过空旷的峡谷，将远处罗马士兵正在扎营的声响吹了过来。起义军的战士们各个面色凝重，鸦雀无声。

他们在等待他们的领袖。诚然，他们都是悍不畏死的战士，如果面前只有死路一条，他们也一样毫不畏惧地，宛如飞蛾扑火般地向庞培冲过去。但此刻，他们还怀着另外一个想法、一个希望，他们坚信他们的领袖，伟大的斯巴达克斯，可以带领他们创造奇迹，击溃这眼前的宿命。

“艾诺玛伊，你有没有想过，来的不是庞培？”

“什么？”日耳曼人有些吃惊。

“我是说，我们都认得那面旗子，都看见了他们是从庞培的驻地过来的。但是，来找我们的人不一定就是庞培本人呀？”斯巴达克斯忽然笑了起来，“对啊！对啊！他一定不是庞培，如果真的是庞培，如果是他的话，不仅不会只有这些士兵，他更不会把营盘扎在这儿，就在这深渊的正下方！”

“斯巴达克斯，你把我弄糊涂了。”

“我亲爱的艾诺玛伊，你看，这位罗马将军，他把营盘就扎在树林边上，正门对着上山的小路。而在营盘的背面，我是说，这个深渊下，树林的这边，他竟然只是随意布置了几个岗哨。”

“这……这没有问题啊？我们不可能还有一支军队埋伏在树林里面，更不可能从深渊这儿爬下去偷……等一下，你的意思是说？”

“你注意到了吧？没错，如果是庞培，那位百战百胜的统帅，他一定会比这位将军要小心谨慎得多。在那成百上千次的战役中，小心且全面地思考，早已成了他的习惯，而显然，这位罗马统帅并没有这样的习惯，所以他一定不是庞培。”

“可即便如此，我们能怎么办？我们的食物已经所剩无几，我们的队伍在人数上处于绝对劣势。而看他们，即使不是由庞培本人带领，也是来自他的无敌军团。他们的装备和战斗力只会比赛尔维里昂纳斯更加强大。我们一点儿胜算都没有。”

“除非，我们从这里，跳下去。”斯巴达克斯指了指深渊，“然后神不知鬼不觉地从树林里面杀出来，打他们个措手不及。然后，我们不仅可以迅速歼灭这支罗马军队，甚至可以一鼓作气拿下囤积了大量庞培军团战略物资且拥有可以锻造奥拉哈钢甲的瑙拉城！”

在场的所有起义军都被斯巴达克斯这个大胆的计划所惊呆了。而斯巴达克斯本人正沉浸在他的计划里面：“我相信，庞培不仅不在这支队伍里面，他甚至根本不在瑙拉。试想，平灭奴隶暴动绝对是大功一件，这也是为什么赛尔维里昂纳斯会那么鲁莽急切地进攻。如果他在，那么他一定会亲自带兵前来，然后动员他全部的军团，不给任何机会地把我们一锅端了。”

“可是，我亲爱的斯巴达克斯。好吧就如你所说，庞培还在和罗马神庙里的贞女们开怀畅饮，我们怎样才能从这里下去呢？”

斯巴达克斯再次将目光移向深渊，他陷入了良久的思考。忽然，他好像想起了什么，立刻转身对着队伍喊道：“弟兄们，快去！快去树林里把那些粗壮坚韧的柳条都给我找来！”

“斯巴达克斯？你要做什么？”

“柳条盾牌！在刚才的战斗中，这些柳条盾牌甚至挡住了罗马士兵们的长矛弓箭！它们一定非常坚韧，我要用这些柳条，编一条梯子，顺到这个深渊下面去。现在，快啊！兄弟们，我们用三个小时来做这道梯子，然后用一个晚上，爬到深渊下面去，让我们给罗马士兵们，一个大大的惊喜！”

斯巴达克斯说对了，来的确实不是庞培。庞培本人早在苏拉葬礼后不久，就远征米特里达梯斯。来的这位，是由执行官鲁古鲁斯从庞培的军团里面抽调出来的，战功卓著的罗马老将克洛提乌斯·葛拉勃尔。

葛拉勃尔曾是马略手下一位有名的大统领。当马略被苏拉击败后，他就投到了庞培的麾下。战绩彪炳且成熟稳重的他，很快就在这位年轻的元帅帐下脱颖而出。虽然，赛尔维里昂纳斯一再向元老院保证这场战斗一定会手到擒来，但一辈子在人世间摸爬滚打的元老们早就看出，赛尔维里昂纳斯一定会轻敌。为了保险起见，他们调来了葛拉勃尔以及四个大队，两千四百人的庞培军团，来保证起义军一定会被扑灭。

是夜，稳重的葛拉勃尔在最后一次巡视完毕后，举着火把眺望山上起义军的营地。他隐约还可以看见缕缕篝火在燃烧，甚至还有人影闪动。

看来，斯巴达克斯真的是被困死在山上了。早晨，在他即将抵达维苏威山脚下的时候，便得知赛尔维里昂纳斯已经战败身亡了。这让他重新估算了起义军的实力。于是葛拉勃尔认为，只要堵住起义军所有可能的出口，再一寸寸地推上去。到时，根本不需要什么损失，就能活生生把起义军们一点点饿死、累死、冻死在山上。

此时，葛拉勃尔听到了一声哨响，正当他疑惑地寻找声音的来源时，一阵冲天的火光和爆破声，突然从他靠近森林边的营盘处炸响。伴随着一阵头晕目眩，斯巴达克斯已经来到了葛拉勃尔眼前。

“众神啊……”

“从老鼠手中逃走的猫大人，你好，我就是斯巴达克斯。请放下你那颗高高悬起的心，今晚我不会杀你，更不会屠戮你的士兵。我要你回到罗马，带上被我击败的烙印。我是斯巴达克斯，我们是自由的战士。

我们并非嗜血的狂徒，也不是好战的野蛮人。我们只是为这个国家所有人的平等与自由而战。但是，如果罗马的元老们迟迟不肯高抬贵手，一定坚持着腐朽而残忍的制度，那么我们彼此间，唯有兵戎相见了！”

说完，斯巴达克斯示意起义军让出一条道路，在拿走了他们的武器和辎重后，放走了葛拉勃尔和他的庞培军团。在确保他们不得不回到罗马后，斯巴达克斯带领起义军，轻而易举地拿下了他们的第一座据点，瑙拉城。

一切如斯巴达克斯所预测的那样，在击败葛拉勃尔后，起义军宛如探囊取物一般，攻下了瑙拉。在经历了一系列生死考验后，这支起义军终于获得了第一次大胜。他们疯狂地、失控地在城里面烧杀抢掠、无恶不作，甚至逼迫城里的罗马公民们互相进行角斗。

这样的发展，是斯巴达克斯不曾预料到的，他在事态开始失控前，就到处奔走，严厉地制止这样的行为。然而，被胁迫压制许久的、曾经都是角斗士和奴隶、一群恨透了罗马公民和平民的人，他们开始尽情地宣泄自己心中的恨。

疯狂在继续，瑙拉城内火光四起，乱作一团。愤怒的斯巴达克斯不得不亲手杀死了几个不受控制的队长，才终于制止了这场灾难，并让所有的起义军们，聚集在了瑙拉的广场中央。

“野蛮的罪人啊，你们想达到什么样的目的呢？我对地狱中所有的神发誓，你们要取得抢劫者、强盗和杀人犯的称号和名声吗？”斯巴达克斯睁着愤怒的双眼，盯着在场的所有人。在这好几分钟之内，没有人敢说一句话。斯巴达克斯接着说：

“难道这就是我们领导奴隶弟兄们所要争取的自由吗？难道这就是

我们的军纪，我们借以取得被剥夺的权利而且使我们变成无愧于这些权利的人的军纪吗？这就是我们用来争取意大利人同情的高贵行动吗？这就是我们应当做的善良行为的榜样吗？难道我们有了罗马这个强大的敌人还不够，还要再叫意大利所有的民族都诅咒和敌视我们吗？看来，你们觉得我们的压迫者恶意地为我们制造的罪恶名声还不够吧？这一罪恶名声已经抢在我们的前面，在支持那些很容易使人信以为真的想法了：他们说我们是野蛮人、强盗而且是最下贱的人。难道这一切还不够，你们不但不用光辉的事业、严明的军纪和模范的行为来粉碎这些毁谤和伤害我们的谣言，反而要用你们可惜的、耻辱的、下贱的行为来证实它和加强它！”

斯巴达克斯那足以匹敌朱庇特神火划过天际时的铿锵有力的声音，让所有的起义军都低下了头。

“意大利所有的人都在提心吊胆地、怀疑地、不信任地注视着我们，虽然他们不是我们明显的敌人，大概也还不是我们的朋友。这一面我们为之战斗的神圣事业的旗帜，虽然是有史以来在这一半岛的阳光照耀下的战场上飘扬得最高的一面战旗，却还没有引起别人的任何同情。为了争取别人的同情，我们只有一个办法，那就是纪律。铁一般的纪律！这才是罗马军团的士兵们牢不可破的铠甲。他们的力量和勇气并没有超过世界上其他民族的战士，相反地，好些民族的战士，他们的勇气并不比罗马人差。但是，在世界上所有的军队中，以罗马军队的纪律最为严明，这就是罗马人能征服一切敌人的根本原因。如果你们不能学习和采取罗马人的严守纪律的精神，即使你们的肌肉具有惊人的力量，即使你们是无比勇敢，还是不能帮助你们获得成功。你们既然已经采用了罗马人的战术，你们也就必须采取他们严守纪律的精神。如果你们要我做你们的领袖，我就要求你们懂得服从，领会沉着和克制，因为军队的力量就在于能遵守秩序，能服从，能克制。每一个战士必须对各自的神发誓，你们全体必须用你们的荣誉向我发誓，从今以后你们决不再犯罪，哪怕是极轻微的罪行，从今以后，你们再也不要让我找到任何可以指责你们藐视纪律和不服从命令的理由。

“为了保证胜利，我们必须坚决地学习执政官孟里乌斯·托尔奎杜斯的榜样，他曾经命令朋友砍掉他亲生儿子的头，虽然他的儿子违反法令和军纪的罪行并不严重。好些赞扬罗马的历史家在提到罗马军队时说，有一次，某几个军团在一棵苹果树旁扎营，但当他们拔营走开以后，树上的苹果一只也没有被他们采掉过。我要你们获得同样的赞扬！只有做到了这一点，我们才无愧于我们所争取的自由，只有在这一条件下，我们才能战胜世界上最强大最勇敢的军队。”

轰雷般的掌声在四周响起，所有的起义军都在高呼着斯巴达克斯的名字，向他表示效忠。斯巴达克斯也举起他的双手回应着他的战士们。

但另一个想法在他的心里快速生成，他开始理解恺撒对他的劝阻和建议了。他开始明白，自己手底下的人，到底都是些什么人。他开始清楚地了解到，前途的命运在何方。

所有的欢呼声、掌声似乎都在远去，只有斯巴达克斯一个人来到了大地中心的深处。在那儿，他见到了那个让他愿为之付出一切也一定要击败的敌人，以及如何才能通向胜利的唯一路径。

前进吧！愿诸神护佑……

共和国人物故事卷：

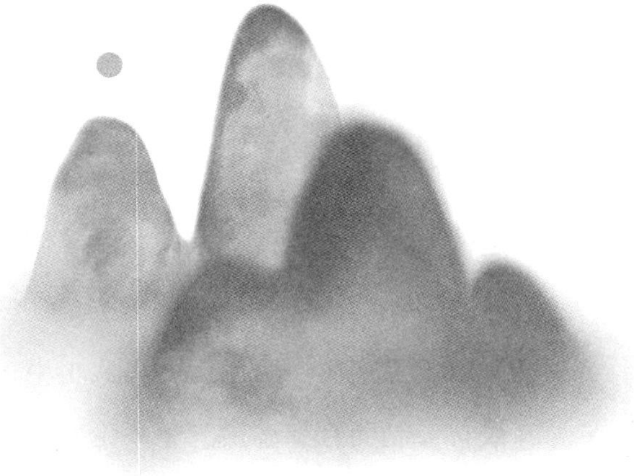

燎原之火

在起义军攻占瑙拉并引发灾难性的劫掠后的第三天，斯巴达克斯命起义军的两个大队将瑙拉城中罗马军团的大批武器、铠甲和盾牌，全部运到自己的营垒中去，以便将来武装投奔到起义旗帜下来的角斗士和奴隶们。其余主力部队则全数驻扎到瑙拉城外，在靠近城墙的一个小山上扎营。

在斯巴达克斯率领起义军驻扎在瑙拉附近的两个多月时间里，他每天毫不疲倦地改善战士们的战斗技术和使用武器的本领。战士人数一直增长到七千名，接着又很快地增加到了一万人。斯巴达克斯将他们编成了两个军团，每一个军团都混杂着经历了维苏威火山战役的老兵们。与此同时，起义军铁一样的秩序和纪律被斯巴达克斯严格建立起来了，这使康滂尼亚省的居民感到非常惊奇，居民们的生命财产都非常安全，起义军从来就没有去侵犯过他们。

同时，当葛拉勃尔和他的庞培军团战败的消息传遍罗马的大街小巷时，元老院终于决定全面重视斯巴达克斯和他的起义军。他们决定派遣四十五岁的大将军普勃里乌斯·瓦利尼乌斯，率领七千名轻重混合步兵军团，协同三百名重骑兵，来攻打斯巴达克斯。

不同于葛拉勃尔，大将军普勃里乌斯·瓦利尼乌斯的彪炳战绩完全是他自己一个人打出来的，而非依赖马略或者克拉苏这样的大元帅。他出身平民阶级，身材魁梧结实，性情倔强而傲慢，而且具有罗马武士的一切优良素质，可说是罗马武士中一个极其突出的典型人物。他对饮食很有节制而且毫不讲究；不论对寒冷、暑热、长途行军、通宵不眠还是其他战争中的艰难困苦，他都能安之若素。冷静、沉默和勇敢，这就是形容瓦利尼乌斯最准确的词语。而“大将军”这一称号的获得，也正是来源于他为人的严正，作战的勇敢，通晓军事且严守军令。所有和他并肩作战过的兵士以及统率过他的执政官，都一致赞扬他的勤奋、勇敢以及精神上与体格上的坚强力量。派出瓦利尼乌斯这样一个拥有全面独立完成一场灭国级战斗能力的统帅，这是元老院所笃信的，只要瓦利尼乌斯出场，加上罗马精锐的步骑混合兵团，一定会像泰山压顶一样，把斯巴达克斯的起义军碾成碎末。

起义军这边，在扩大到两个军团共一万人的队伍以后，又一个好消息传来，那就是克利克萨斯的队伍到了。他带来了两千名全副武装的生力军。在一片热烈的鼓掌与欢呼声中，斯巴达克斯将克利克萨斯的队伍平分为两队，合并到那两个军团里去，形成了两个大型军团。这两个大型军团，一个由艾诺玛伊指挥，另一个则由克利克萨斯率领。斯巴达克斯则在所有人一致拥戴下，成了起义军的大元帅。

就在克利克萨斯到达后的不久，斥候来报，发现了罗马军的行踪。斯巴达克斯登上山头向远方望去，他认出了带队的就是大将军普勃里乌斯·瓦利尼乌斯，以及他的步骑混合兵团。正当已经壮大了的起义军们摩拳擦掌决定与罗马军团死斗的时候，斯巴达克斯却下令全军悄悄拔营，立刻趁着黑夜迅速下山，前去瓦利尼乌斯前往瑙拉必经的森林。

为了不让起义军继续扩大，且尽可能快速地消灭他们。瓦利尼乌斯下令迅速行军，他们在三天内到达了加太。他在那儿扎了营，然后喊来了骑兵队统领保鲁斯·迦尔杰尼乌斯·狄伯尔金纳斯，命令他立刻深入加普亚南部地区，收集确切而又详细的情报，探听起义军队的驻地、他们的人数和武器装备，可能时就刺探他们的行动计划。

年青的狄伯尔金纳斯仔细而尽心竭力地执行了上级托付给他的任务，他不仅到过加普亚，而且到过库玛、巴伊、普梯奥勒、赫鸠娄纳姆和那不勒斯，甚至还到过庞贝和阿台拉；一路上他不但向罗马的地方政府而且还向当地的居民和牧人搜集敌人的消息。过了四天，他回到瓦利尼乌斯的营垒里。虽然他的那些马大都已是浑身大汗、口吐白沫，但他终究是带回了重要的有关起义军军队行动的情报以及他们的总的情况。狄伯尔金纳斯报告给瓦利尼乌斯将军的情况是，起义军的人数已达万人。他们武装得很好，而且都经过罗马式的战术训练。他们的营垒在瑙拉城附近，他们时常从那儿向附近的地区出击。他们似乎不准备移动他们的扎营地；根据他们营垒的主要工事来看，他们显然准备在那儿等待罗马人的进攻。

瓦利尼乌斯得到这些情报以后，坐在自己的营帐中长久地考虑着军事行动的计划。最后，他决定把自己的兵力分为两部分，沿着两条几乎平行的路线，向起义军的营垒进军，准备在同一时间内从两方面夹攻敌人。他希望用这样的办法，一下子取得决定性的胜利。

于是，瓦利尼乌斯下令，把包括四大队正规步兵、三百名轻装步兵、两百名掷石兵和一百名重骑兵的兵力交付给副将葛涅乌斯·傅利乌斯，并且命令他循着阿庇乌斯大道到西纽爱萨去。接着，从那儿离开阿庇乌斯大道折到陀米齐乌斯大道。而瓦利尼乌斯本人，在傅利乌斯出发后，就立刻循着里利斯河溯流而上到英狄尔拉姆纳城，在那儿循着拉丁大道前进。穿过它来到起义军的后方。经过精确计算，那时应该刚好是傅利乌斯的军队出现在起义军的眼皮底下。而当起义军看到他们的人数比对方多，就会集中全部力量去攻打傅利乌斯，这时瓦利尼乌斯就可以从后方猛袭敌人，一下子消灭他们。

而此时，色雷斯人已经得到瓦利尼乌斯分兵进取他的消息，而且知道这个将军已经到达加太，就立刻循着陀米齐乌斯大道出发，用两次极其疲劳的急行军先赶到里吉尔纳姆，然后赶到加太。

副将葛涅乌斯·傅利乌斯从相反的方向，循着同一条陀米齐乌斯大道进军到了提菲尔纳。他在那儿得到了探子的报告，说斯巴达克斯突然率领全部军队到达里吉尔纳姆，现在距离罗马军队只有一天路程了。

副将傅利乌斯同样也是一位非常谨慎小心的罗马指挥官。他考虑到如果斯巴达克斯率领起义军，从一开始就全力攻打自己，使得大将军瓦利尼乌斯来不及合围的话，他就决不能从拉丁省撤退，因为这样会使斯巴达克斯过于轻松地追上他们。因此，傅利乌斯决定离开拉丁大道，转而走向卡里，从那儿直接到达加普亚。只要到了那儿，他的两千八百名兵士，再加上城中在当时已经获得增援的城防军，就绝对足以打退起义军了。如果起义军企图向拉丁省的方向进攻，傅利乌斯也有足够的时间取得瓦利尼乌斯的援助。如果斯巴达克斯向后撤退，傅利乌斯就可以继续执行命令：或者重新回到陀米齐乌斯大道，或者从加普亚循着司法官大道在预定的那一天到达阿台拉。

在傅利乌斯看来，这已经是无懈可击的安排，无论斯巴达克斯和他的起义军怎样挣扎，终究会在这一战中被他和瓦利尼乌斯绞杀。

起义军这边，斯巴达克斯已从斥候的口中得知罗马军团已经分兵，其中一支正沿着拉丁大道前行，另一支则消失不见了。他立刻就推出了傅利乌斯和瓦利尼乌斯的计划。面对罗马人自认无懈可击的分击合围之计，斯巴达克斯只说了一句话：

“随他几路来，我只一路去。”

然后，斯巴达克斯召集了克利克萨斯和艾诺玛伊，将手指向了罗马军团分别平行军的中间那座城市——卡齐陵。

卡齐陵是一个不大却很繁荣的小镇。它位于法尔杜纳斯河的右岸，湍急的河水不断地冲刷着它的城墙。它距离加普亚十一千米，距离卡里约十八千米，离法尔社纳斯河河口几乎达三十五千米。斯巴达克斯率领起义军一到达这里，就马上控制了法尔杜纳斯河的两岸及河谷，并在这儿扎营。这一下就完全分割了罗马军团的两股兵力，并截断了加普亚支援卡齐陵的最佳路径。

然后，斯巴达克斯又将克利克萨斯率领的第二军团分成两部分。他们一队向左，一队向右，穿过卡齐陵的田野和葡萄园，绕到罗马人的后方和侧翼，随时准备奇袭罗马军团。

太阳已经升起来了。它的金光染黄了附近青翠的山谷、葱茏的葡萄园、摇曳着颗粒饱满的麦穗的田野和野花盛开的草地。罗马军队的前锋出现了，斯巴达克斯立刻下令吹起军号，起义军第一军团出战列阵。

第一线为两千名轻装步兵和掷石兵，一等敌人出现，轻装的起义军就散开来迎击敌人，向他们投去冰雹似的石块和铅丸。在这之后，则是用长矛和投枪武装起来的整个第一军团的主力。

傅利乌斯根本没料到斯巴达克斯竟然神不知鬼不觉地跑到了这个地方来。措手不及的罗马先锋很快就被打退了，企图退回中军，利用厚重的阵型，阻挡起义军的奇袭。

这一切都没能瞒过斯巴达克斯的眼睛，他迅速跳上了随他一生的那匹黑色战马，身先士卒地一口气冲向败退中的罗马先锋。斯巴达克斯的武勇激励了所有的起义军，他们宛如洪水决堤般涌向罗马军的中队，一下子就将罗马的中军冲垮了！

不过傅利乌斯也并非泛泛之辈，在一连的出乎意料之后，他迅速命令士兵们停下脚步，接着他以一个真正的勇士所永远具有的沉着态度，提着两个大盾牌走向了队伍的前列，并命令掷石兵、轻装步兵分散开来，这样可以将战线拉长，以便使罗马军不致遭到起义军的包围。

在傅利乌斯的指挥下，乱作一团的罗马军团终于站稳了脚跟，并吹起了冲锋的号角，发动了反冲锋。罗马战士们在傅利乌斯的率领下向起义军猛扑，使他们不得不向后撤退。眼看罗马人把所有的预备队和力气都拿出来了，斯巴达克斯才终于吹响了最终的号角，埋伏在罗马军身后草丛里的克利克萨斯突然杀出，转眼间就将罗马人整个儿包围了起来，猝不及防的傅利乌斯在起义者的前后夹攻下，立刻就被击杀了。伴随着他的倒下，罗马军的队伍乱成一片，开始毫无秩序地四散奔逃。罗马军惨败，死伤无数，而起义军仅阵亡数人。

史称“卡齐陵歼灭战”。

不等罗马的逃兵前去向瓦利尼乌斯报告，斯巴达克斯第二天就即刻命令驻扎在卡齐陵的全部军队拔营出发。他们经过极其艰困的行军，翻过阿平宁山的支脉，越过卡里城，向西狄辛纳一吉昂进发，在当天黄昏赶到了目的地。而为了达到奇袭的效果，斯巴达克斯严禁起火军发出任何声响、升起任何篝火。

他们就这样静悄悄地在草丛里面趴了一宿。

第二天中午，从阿里发来的瓦利尼乌斯的军队，在考提山对面法尔杜纳斯河河谷间的那片高地上出现了。斯巴达克斯迅速吹响了进攻的号角，列成进攻的阵势的起义军们纷纷从草丛中跳起来，直扑向罗马军，宛如一把尖刀般，狠狠扎在了罗马军队的心头上。战斗很快就开始了，残酷的流血战斗一直持续到黄昏。虽然瓦利尼乌斯依旧沉着英勇，他竭尽了一切力量试图发动反冲锋。但罗马军还是因为人数劣势且被起义军所偷袭，而最终被打散了队伍。

在这一次对罗马人极其不利的考提峡谷的战斗中，罗马的兵士牺牲了两千名以上。约莫有一千五百名官兵受了伤，包括瓦利尼乌斯将军本人。三个罗马军团的大统领战死。起义军这里也不太好受，他们共牺牲了两百多名战士，受伤五百人。

大部分受伤的人都落到战胜者的手中，但斯巴达克斯在解除了他们的武器以后就把他们释放了。他决定在还没有掌握大批城市以前，暂时不收留俘虏，因为在目前的条件下把他们收容到自己的营垒里是非常危险的。

这些垂头丧气、绝望到极点的被释放的罗马俘虏们，跟随着大将军瓦利尼乌斯低着头，逃进了阿里发城。在那儿，瓦利尼乌斯彻夜地尽力收容逃来的兵士，并且听到了他的副将惨败阵亡的消息。无奈之下，为防止胜利者再度发动一次他无法抵御的新进攻，大将军瓦利尼乌斯只得率领着残部，循着阿平宁山峡谷中崎岖不平的道路迅速撤离了康滂尼亚省。接着，当他一进入沙姆尼省的境内，就慌忙躲到鲍维昂纳城中去了。

在这三天内，斯巴达克斯两次大败罗马军团，并赢得了光辉胜利。这不但使他的军队威名远扬，而且使他的名字变得比以前还要可怕，震动了整个意大利省。越来越多的释放奴隶、起义军们，开始在他们所在的地方闹事，将那些还未被释放的可怜人放出来，并一路朝斯巴达克斯的营地行进。

于是起义军很快有了第三军团，由同随斯巴达克斯从加普亚城中逃亡出来，历经一系列战役的百夫长鲍尔托利克斯率领。

斯巴达克斯很快就回到瑙拉扎了营，他在那儿住了三十天左右，每天都专心地训练新的军团。那时候斯巴达克斯获得了情报，说瓦利尼乌斯将军已经补充了兵力，企图出发攻打起义军的队伍。

斯巴达克斯决定抢在瓦利尼乌斯之先行动。他把克利克萨斯和两个军团留在瑙拉，自己率领艾诺玛伊指挥的第一军团翻过阿平宁山，来到了沙姆尼省鲍维昂纳城下。

瓦利尼乌斯吃了败仗以后立刻报告罗马元老院，说他怎样在这次战争中交了厄运而且大大失利，此后的局势又是如何的严重危险。为了结束战争，他要求至少给他派来两军团以上的援兵。这位正直的武士提起了他以前对祖国的功绩，请求元老院饶恕他这个身经百战的老兵的罪行，给他机会洗刷蒙在自己良心上的战败的耻辱，把战争进行到底，扭转这一厄运交加的危局。

元老院同意了勇敢的瓦利尼乌斯的正当请求，给他派去了八个大队的援兵，其中包括四千名以上的老兵，而且允许他在马尔西人、沙姆尼特人和毕赛恩人的区域内再征集十六个大队的兵士，使他有可能组成另外两个对镇压角斗士叛乱极为必要的军团。

重新组织起军队的瓦利尼乌斯，立刻任命列里乌斯·考西尼乌斯为自己的新副将，并把刚从罗马赶来的八大队兵士的指挥权托付给他，命令他留在鲍维昂纳城内，阻止斯巴达克斯向沙姆尼省深入，但绝不能出城迎战。他自己则率领两千名考提峡谷战后的残兵，向马尔西人和毕赛恩人的地区出发，到那儿征集兵士去了。

斯巴达克斯兵临鲍维昂纳城下以后，他本来想挑动考西尼乌斯出来战斗，但是考西尼乌斯却按照上司交付给他的命令行事，躲在城中不动。他虽然对瓦利尼乌斯禁止他出战的命令感到非常愤怒，但结果还是忍气吞声地承受了起义军们所有的侮辱和挑战的叫骂。

但是斯巴达克斯猜到了瓦利尼乌斯的企图，便决定不让这位将军到沙姆尼省和毕赛纳省境内去征集军队。他留下艾诺玛伊和他的第一军团继续在鲍维昂纳城旁扎营监视，自己率领骑兵队回到瑙拉。

接着，军事会议又决定克利克萨斯和两个军团留在瑙拉，由他和葛拉尼克斯负责领导两天前从拉文那来到营里的新军团的训练工作，斯巴达克斯率领由鲍尔托利克斯指挥的那个军团出发到鲍维昂纳附近与艾诺玛伊会合，然后在瓦利尼乌斯集结援军之前，攻打考西尼乌斯和瓦利尼乌斯。

第二天拂晓，斯巴达克斯率领一个军团出了营垒，翻过考提山向鲍维昂纳前进。然而，在那儿他并没有碰到艾诺玛伊。原来艾诺玛伊待在营里感到十分无聊，因此在两天前，当他接到一斥候报告，说瓦利尼乌斯正在苏里莫城征集军队，他就放考西尼乌斯继续躲在鲍维昂纳城里，自己单独领兵出发了。他准备突然攻打和消灭瓦利尼乌斯的军队。

但是，艾诺玛伊简单的头脑所不能预见的罗马计谋发生了。考西尼乌斯在日耳曼人出发后第二天，偷偷地离开了鲍维昂纳，开始跟着角斗士们的足迹前进，他企图在角斗士的队伍和瓦利尼乌斯接触的时候，立刻从后方攻打艾诺玛伊。

斯巴达克斯立刻明白了艾诺玛伊极其危险的处境。他只让起义军休息了几小时，就赶忙出发追赶已经比他先走了两天的考西尼乌斯。考西尼乌斯是一个老资格的兵士，但却是一个平庸的指挥官，他盲目地崇拜着古老的军事规范；他按照通例用一天二十英里的速度行军，但斯巴达克斯却以每天三十英里的速度行军，经过四天行军以后在奥菲舍纳追上了他，而且马上向他发动进攻。斯巴达克斯把考西尼乌斯打得一败涂地，接着又开始追逐溃逃的罗马人。考西尼乌斯由于羞愧和绝望冲进起义军的密集队伍战死了。

接着斯巴达克斯以同样的速度及时地支援了艾诺玛伊，使日耳曼人从不可避免的失败转变为胜利。原来艾诺玛伊和瓦利尼乌斯已在玛鲁威和富青湖之间进行战斗。当时瓦利尼乌斯已拥有八千名兵士。在罗马人的猛烈攻打之下，起义军的队伍开始动摇了。但是正当这紧急关头，斯巴达克斯赶到了，他亲自纵马冲向敌军，从起义军的左翼奔到右翼，又从右翼奔到左翼，来回演说鼓舞人心。他的英勇和坚持，立刻扭转了战局。瓦利尼乌斯再次大败，他不得不迅速地向考尔菲尼撤退。

三天后，斯巴达克斯继续北上。他在奥菲台纳附近再度翻过阿平宁山，占领了索拉，那个城市没有抵抗就投降了。在那儿，斯巴达克斯又解放了一大批角斗士和奴隶，并把他们全部武装了起来，编入起义军大队。

两个月间，斯巴达克斯在整个拉丁省任意纵横，他到过阿纳格尼、阿尔宾纳姆、菲伦梯纳、卡西诺、法莱盖拉，接着，他渡过里利斯河占领了诺尔巴、苏爱萨·波梅季耶和普利维尔纳，在这些地方，斯巴达克斯搜集到了绝好的铁矿石和战马。终于，斯巴达克斯组建起了一支属于起义军自己的、训练有素的骑兵队。

另一边，又吃了败仗的瓦利尼乌斯，用他那只剩下两根手指的右手和曾经的辉煌战功，再一次取得了元老院的同意，他被允许在毕赛恩人中征集大批兵士，并将获得罗马一个军团的援兵，共计一万八千人，于八月底从阿斯古尔出发，长途行军后讨伐斯巴达克斯。他准备强攻斯巴达克斯，一洗过去失败的耻辱。可惜，再一次很不幸的，瓦利尼乌斯的行军计划又一次被斯巴达克斯看破了。斯巴达克斯率先领着所有的起义军来到了阿昆纳驻守，并在罗马人出现的一瞬间，突然迎头痛击他们。

为了挽回罗马和自己的荣耀，瓦利尼乌斯英勇和顽强地疯狂战斗，然而他终于还是被斯巴达克斯刺杀，在手下的拼死保护中逃离了战场。

伴随着大将军的离去，这支新的罗马军团就这么再一次被斯巴达克斯打垮了。在这一次血战中阵亡的罗马人有四千名之多。角斗士不但夺取了敌人的武装、辎重、营帐和战旗，甚至俘获了这位将军的随从人员中的全部仪仗官（罗马最高贵的族人与掌权者）。

在起义军的庆功宴上，又有两个喜讯降临在斯巴达克斯的肩上。第一个是拉文纳角斗士学院里的起义军干部，葛拉尼克斯率领五千名战士平安到达了瑙拉。他们中有高卢人、日耳曼人和色雷斯人，他们是拉文纳好几所角斗学校中的角斗士。斯巴达克斯立刻将他们编为了第四军团，由阿尔托利克斯率领。

而这第二个出人意料而且也使他非常快乐的消息就是密尔查来了。斯巴达克斯抱住了妹妹，在她的脸上热烈地亲吻。色雷斯姑娘也是一会儿吻吻她的哥哥的脸，一会儿吻吻他的手，一会儿吻吻他的衣服，并且用她高兴得哭泣的断断续续的声音说：

“啊！哥哥！啊，我的哥哥！我的亲爱的哥哥呀！我是多么为你害怕，多么为你担心！我老是想，在这一流血的战争中你会遇到多少危险！我一分钟也不能平静下来……简直……简直活不下去了！我老是这么想，也许，你已经受伤了，正躺在床上需要我的帮助！亲爱的哥哥，你是不知道，谁也不能像我这样照顾你……如果……如果那时候……但愿伟大的神保佑你！我日日夜夜地哭泣，哀求我可爱的女主人范莱丽雅……叫她允许我到你这儿来……而她，可怜的人，终于满足了我的要求。但愿朱诺酬谢她的好心，永远保佑她……她放我来了……而且……你得知道，她赐给了我自由！我现在已经自由了……我也是一个自由人了！从今以后我可以永远跟你在一起了。”

密尔查好像小孩子一般，对她的哥哥喋喋不休地说话，而且亲热地偎依着。她的泪水虽然不断地流下，但是可怜的姑娘却含着泪水对她的哥哥微笑起来，在她的每一个行动中，都流露出充溢在她心中的狂喜感情。

她那灿烂的金发与带着淡淡泪痕的碧蓝双眼，顿时惹起了所有起义军们的热烈呼喊。这其中尤其以阿尔托利克斯最为热烈。此时，这位高卢小伙子早已被密尔查的可爱烂漫所征服，他高举酒杯，用让所有起义军听见的声音高喊道："敬！我们最伟大的领袖，斯巴达克斯！敬！最美丽可爱的密尔查小姐！大家喝呀！"

"敬！"众起义军附和着，阿尔托利克斯高举酒杯望向密尔查，而密尔查则快速地用眼睛扫过这位同样金发碧眼的高卢小伙子，然后她快速地低下了头，扭了过去，不让人看见她满脸泪痕并泛着深深红晕的面颊。

夜深了，篝火在慢慢熄灭。这场欢闹的盛宴，在老兵的段子下、新兵的起哄下，以及一片对斯巴达克斯及密尔查的赞歌声中，渐渐归于了安宁。

斯巴达克斯拉着密尔查的手，来到了她单独的房间。看着哥哥一闪而过那欲言又止的表情，密尔查终于从怀里掏出了一封散发着玫瑰香味的信。

"我亲爱的哥哥，请你原谅我的自私。我害怕，如果我一开始就拿出这封信，你就不会再这样热烈地拥抱我，亲吻我了。"

"哦……密尔查……我的亲人，我的妹妹，我怎么会……怎么会……"

"哥哥……我……"密尔查鼓起勇气，露出一个温暖又带着一丝凄凉的微笑，将信封递到斯巴达克斯手里，"现在，它是你的了。"

说完，密尔查退到了房间深处。斯巴达克斯飞也似的跑回自己的房间，他颤抖着拿出匕首，小心翼翼地裁开这信封。这双大手，无论经历怎样的战斗，都从不曾颤抖得如此剧烈。

共和国人物故事卷：

凝噎之语

我亲爱的心爱的斯巴达克斯：

我看见了！我看见了，你已为了你的理想，这个世界的理想而走在了这条凶险万分的道路上！我看见了你为奴隶的解放献出了你那极其高贵的心灵中的全部宝藏！我看见了我最爱的人，正在一点点撬动这大地的基石。我看见了，看见了，我全都看见了！

你表现出了有史以来从未有过的、罕见的、天才的军事领导才能。你竟然能在这样短的时间内，将一群久经压迫、从未上过战场的奴隶和角斗士们训练成能匹敌罗马之鹰的军队；将他们无比自豪的、声称永不可被撼动的罗马方阵击成了散落在极北之地的细雪，吹散了开去！你将号称不可战胜的、一个又一个骄傲的罗马将军，打得一败涂地，灰溜溜地逃回了罗马。他们都被你打成了羞愧的家伙，再也不敢行走在大街上了。在这短短的时间里，你已经使整个罗马在你的面前颤抖，使整个欧罗巴大陆都对你感到畏惧。你已经用光荣笼罩了你的名字，你已经取得了任何人都无法取得的光辉胜利！

作为一个爱你的人，一个以整个生命深深爱你的女人，我以你的光荣为光荣，以你的胜利为胜利，以你的骄傲而骄傲！我为爱上你，爱上你这样一个大英雄而感到无比的幸福。尽管我又时时刻刻为你担惊受怕，为想念你而流泪。你知道吗？我亲爱的斯巴达克斯，你的名字，现在天天都要被罗马人谈起，或令人惊恐，或令人胆寒，或令人佩服，或令人错愕。是的，尽管每次你被提起，都是以不同的感情色彩在被谈起。但是，当我一听到你的名字，心就要从口中跳出来，我几乎抑制不住我自己，我要对他们每一个人说："斯巴达克斯，这个震撼了你们的斯巴达克斯，是我的英雄，是我的爱人。"而一旦我听到有人，任何人竟然反对你、漫骂你、侮辱你，我就会情不自禁地与他争起来、吵起来，我会为你辩护，用许多许多，和你率领起义军时一样激情的话来赞美你，常常使得对方惊吓得逃开，而后，我也被自己的言行给吓住了。哈哈，斯巴达克斯，我亲爱的斯巴达克斯，你说我这样的做法傻不傻？可笑不可笑？但是，任何事情，只要是为你做的，我都感到有意义，我都感到我的生命在冲刺，无限的、温暖的、美好的能量在源源不断地迸发出来。不管我将为此付出多少代价，不管！我想，我不用对你说，我是如何地爱你，如何地想念你。我坚信，这一切，你都会感觉得到、想象得到。

我要告诉你，我心爱的斯巴达克斯，你知道吗，你做爸爸了！是个女儿，我们的女儿。她叫波斯杜密雅，原谅我擅自为她取名而没告诉你，我不想让你分心而导致危险的受伤。小波斯杜密雅，她已经一岁多了。因为你匆匆地离去，投身于伟大的事业，你没有亲眼看到小波斯杜密雅出生，你没有亲身感受到她从一个婴儿成长为小姑娘，你没有看到她的漂亮的面孔和可爱的微笑。她长得像你，太像了，和你一样，有着一头金黄色的、宛如太阳般耀眼的金发。她还有一双碧蓝色的大眼睛，尤其是那股傲气，简直和你如出一辙！我就是要用这个词——傲气。每一个见到小波斯杜密雅的人，都爱她喜欢她，可他们又总是说着同样的话：

“感谢诸神，给战无不胜的苏拉留下了这么好的女儿。”每当他们这么说，我都总是又好气又好笑，在心里鄙夷地咒骂道：“呸！苏拉才生不出呢，她是伟大的斯巴达克斯的女儿！”

虽然小波斯杜密雅已是我生活中最大的安慰、最大的快乐，但同时，她也是我最大的痛苦，因为我一看见她，就更加思念你，更加为时刻处在战争中的你而担忧。我亲爱的、心爱的斯巴达克斯啊！你一定要记住，要谨记：现在的我们，再也不只是两条生命，而是三条生命！啊……斯巴达克斯，斯巴达克斯，我的亲爱的人儿啊，我这可怜的女人跪下恳求你，我这不幸的母亲和你的女儿都跪下在哀求你，你听见了吗？伟大的英雄！伟大的战士斯巴达克斯！你的可爱的孩子和我都跪下，抱着你的双膝，流着泪，狂吻着你的手；我们母女俩的灵魂深处都流着痛苦的泪水，发出悲哀的呻吟，苦苦地哀求着你。答应我，答应我们的女儿，答应我们一定要保全你那珍贵的生命，因为你的生命是我们母女俩在这世界上最为珍贵且唯一的宝藏。我放走了密尔查，我怕她有危险，我怕别人知道她是你的妹妹而受到牵连，我害怕我已经不能再保护她了。于是，我让她连夜投奔到你那里，让你们兄妹团聚，也可以让她代替我和小波斯杜密雅拥抱你、吻你，让她代替我关心你、侍候你。我让她带去了许多珠宝，那曾是苏拉的，原来它们是带有罪恶的，现在它们能够为你光荣的事业而服务，我想，它们会重新发出耀眼的光彩。

我自己也会很快地来到你的身边。因为这种孤苦伶仃、担惊受怕的日子我不愿意再过下去了。我也要投身到这伟大的事业中来，与你并肩战斗，好在将来与你共同分享胜利的喜悦！我正在找一个可靠的人家，将小波斯杜密雅寄养在那儿。一等这件事办妥了，我就会立刻动身前来。准备欢迎我吧！

我亲爱的斯巴达克斯；我心爱的斯巴达克斯；我挚爱的斯巴达克斯；我深爱的斯巴达克斯……你在我心目中的地位，要比群星之上的、任何一切高贵的神明还要高出千万倍！

怀着最纯洁最忠贞最温柔的爱情的你的

范莱丽雅

泪水从斯巴达克斯的眼眶中泉涌而出，滴在了纸上，融化了被凛冽狂风吹僵硬的信纸，与范莱丽雅写作时留在那儿的泪痕融到了一块儿。斯巴达克斯念完信，就立刻把它凑到嘴唇上开始狂热地、发疯一般地亲吻。他一面悄悄地痛哭，一面把那封信上上下下印满了热吻。然后，他垂下了两手，动也不动，死死压住痉挛到几乎窒息的心脏，紧紧地捏着那封信。

当斯巴达克斯的心率终于开始下降，逐渐归于平稳之时。他再次轻轻拿起这封信，然后紧紧地贴在胸前。他那含满了泪水的眼睛凝视着地面，陷在一面是甜蜜一面是悲哀的沉思之中。

……

阿尔托利克斯在将军法场的司令帐前来回踱步好几百个来回了。在这里再往前一点，就是密尔查住的帐篷。

阿尔托利克斯不断告诉自己，他到密尔查这儿来具有充分的理由。他要向色雷斯的姑娘报告她的哥哥是如何惊险地逃出生天，又是如何一次次打垮了罗马人，并获得了一连串的胜利。但是，每当这位高卢小伙子试图走近色雷斯姑娘的营帐时，他却总是惶恐地把脸涨得通红，然后慌不择路地逃走。

就在阿尔托利克斯再一次试图靠近密尔查的帐篷时，帐篷的帘子被掀开了，密尔查刚巧走出了帐篷。

“阿尔托利克斯？是你呀！你……找我？”色雷斯姑娘对高卢小伙子露出了一个灿烂的微笑。

“我……你……你好密尔查，我……这个……我……事情是这样的……你听我说，”阿尔托利克斯在匆忙之间赶紧低下头，他不敢看她，只是不断地摸着那条从左肩挂向右腰的佩短剑的皮带，咕咕哝哝地说，“你……密尔查小姐，大概你已经知道，我们在阿昆纳城下打的大胜仗，那么，也就是说，斯巴达克斯打了大胜仗。”

阿尔托利克斯胃里因紧张而一阵阵地翻腾，他清楚地明白自己的神态是多么的可笑。但这只是使他更加困窘，他的舌头仿佛粘到软腭上面去了，因此他只能结结巴巴地说了几句不相连贯、莫名其妙的话。这时候，阿尔托利克斯宁愿投入最激烈的战斗，与最可怕的敌人面对面地拼命，也都要比在这儿和密尔查面对面地站着轻松得多。可全部问题的实质还在于，阿尔托利克斯这个性情温和，心灵和水晶一般纯洁，而且崇拜斯巴达克斯的小伙子，在某一时候起，已经开始遭受那种他还不熟悉的感情的折磨了。当他一看到密尔查的时候，他就会感到极其惶惑，她的声音会在他的身上引起一阵阵莫名的震颤，她说的话在他听来好似竖琴上最柔美的乐音一般，他会不由自主地被它引导到幸福而无人知晓的仙境中去。

刚开始的时候，他只是不知不觉地陶醉在这种甜蜜的狂喜中，却没有去考虑产生这种感情的原因，他让自己沉浸在那些使他迷醉的神秘而又和谐的声音中，他完全陷入朦胧的梦境和甜美的感觉中了，他不明白而且也不打算明白他自己究竟发生了什么事。

自打见到密尔查那一眼起，年轻的高卢战士就不自觉地想要一次一次偶然地走近色雷斯姑娘身旁。他自己也不知道，他是怎样而且为什么走到那儿的，甚至，有一次他竟然在不知不觉之间突然发觉自己站在离开营垒好几千米远的田野上或者葡萄园里，但他无论如何也想不起来，他究竟是怎样而且为什么闯到那儿去的。

这使年轻的阿尔托利克斯意识到他那甜蜜的幻想的危险性。于是他不得不求援于理智，使自己那神魂颠倒、乱七八糟的感情恢复常态。

可是，每当密尔查跟他倾心谈话，为他对她的友谊而高兴时，他喜欢看着她的脸色，因为他讲的故事，而又兴奋又担忧地变得一会儿红一会儿白；他喜欢看着她的神情一会儿阳光，一会儿忧郁，一会儿兴奋，一会儿惶恐。

于是，阿尔托利克斯不得不绝望而又彷徨地发现，他已经爱上了斯巴达克斯的妹妹。

终于，阿尔托利克斯心里那四处乱撞的情绪，逼迫他莽撞地向密尔查走近几步。他的心由于快乐和希望而怦怦跳动。他在果断地决定他一定要克制那跟密尔查会面时所产生的无法理解的窘迫和恐惧以后，就朝姑娘那儿走去。他决定要以一个战士和男子汉应有的果决态度跟她坦白地谈一谈，大胆地向她吐露自己的心事。

可就在阿尔托利克斯刚刚深吸一口气，准备要开口的时候，他的一切打算就忽然如同烟雾似的消散得干干净净。他惊慌失措却又故作镇定地站在她的面前，好像一个做坏事的孩子被人当场捉住一般。本来可以滔滔不绝的雄辩的湍流，一下子就枯竭了，再也流不出来了，可那滚烫的热血，却像潮水一般涌上了他的脸庞，红得发烫。

最终，还是不明所以的密尔查先开口。

“你怎么了，阿尔托利克斯？还好吗？”密尔查甜甜地说道，“难道你受伤了？怎么向一个妹妹报告她哥哥的英勇战绩只有这几句话？来告诉我，进来说，你们是如何神不知鬼不觉地爬下了维苏威火山，然后突然出现在葛拉勃尔和他的庞培军团背后的。”

阿尔托利克斯一听到这样的责备，脸顿时涨得更红，于是他竭力振作起刚才暂时消失的刚毅精神，详细地向姑娘报告使者带来的有关维苏威火山之战的一切细节和过程。

“那，我斯巴达克斯哥哥，他没有受伤吧？”密尔查一面兴奋地听阿尔托利克斯的话，一面问道，“他真的没有受伤吗？他没有发生什么意外吗？”

“不，他好好的，没有受到一星儿损伤，正如以往一样，不管有多大的危险，他都没有关系。”

“啊，这是由于他具有过人的刚毅精神！”密尔查喊道，她的声音里面蕴含着忧闷，“但是我每小时每分钟都为了他这一点而担心！”

“不要担心，不要害怕，最高贵的姑娘：到现在为止，只要斯巴达克斯手中仍然拿着短剑，还没有什么武器能够刺穿他的胸膛。”

“啊，”密尔查终于把提着的气吐了出来，但随即她又担心道，“我相信他像阿加克斯那么不可战胜。但我也担心他会像阿契里斯（希腊神话里的阿喀琉斯）那样被人家杀死。”

“伟大的神显然在庇护我们的正义事业，他们也一定保护我们领袖的生命！”

“要是这是真的就太好了！谢谢你，阿尔托利克斯，谢谢你告诉我关于哥哥的一切。”

听到色雷斯姑娘真诚的道谢，阿尔托利克斯张了张嘴，却一个字儿也说不出。就这样，两个人都沉默了。

“你……找我还有什么事情吗？”还是密尔查先打破沉默。

“我……”阿尔托利克斯用充满了爱情的目光注视着金发的姑娘，欣赏着她那轮廓端正的脸和健壮的身体。密尔查没有抬起眼睛，但她感觉得到小伙子倾注到她身上来的目光；这充满了烈火一般爱情的目光，终于是让密尔查察觉到了一丝异样。这目光使她感到非常愉快同时又觉得非常不安，又是欢喜又是恐惧。

尴尬的沉默再次降临。密尔查感觉好似过了整整一世纪。她不安地轻轻动了动脖子，然后就像鼓起了极大的勇气，毅然决然地抬起头来，直接望着阿尔托利克斯的脸。

“难道你不准备去领导你的军团进行军事演习吗？”

“啊，密尔查，难道我使你这么讨厌吗？”阿尔托利克斯忽然失控地喊了一声，这一喊完，他自己就后悔了，像个无助的孩子，不知所措。

“不，阿尔托利克斯，不！”姑娘慌忙地答道，但她立刻醒悟了过来，红着脸结结巴巴地说，“因为，因为……你……你一向是非常认真地执行你的职务的！”密尔查有些被吓到了。

“为了庆祝斯巴达克斯的胜利，我们所有的军团，这几天都放假休息了。”

谈话再次中断了。

最后，还是密尔查采取了断然行动，她一面准备转身回到帐幕中去，一面对阿尔托利克斯看也不看地说："再见，阿尔托利克斯！"

"不，不，听我说，密尔查！不要走，听完我好多天来早已准备对你说的话……今天我必须说出来……一定得说。"阿尔托利克斯唯恐密尔查走开去，急急忙忙地说。

"你……你想对我说什么话呢？你想跟我谈什么？"密尔查对阿尔托利克斯的话不仅感到诧异而且惊慌。那时候她已经站在帐幕门口了，可是她仍旧回过头来，看着阿尔托利克斯。

"你明白了吗……听我说……原谅我……我要对你说……我必须说……可是你不要生气……我的话……因为……这不是我的过错……我已经有两个月……两个月……"阿尔托利克斯又说了些不相连贯的句子，就不作声了。但突然，他的话又急促又迅速地倾泻了出来，好似湍流从河床里冲出来一般。

"你说，了不起的战士，阿尔托利克斯，我不生气。我怎么会对你生气呢？"虽然色雷斯姑娘想极力安慰眼前的高卢战士，但这样的话，连她自己都不能安慰得了。

终于，阿尔托利克斯心中的堤坝崩塌了，他急促地说着："为什么我要向你隐瞒这一点？为什么我要把我已经无力压抑的爱情竭力遮盖起来？它已经在我的每一个行动、每一句话、每一下瞥视和每一声叹息中明显地流露出来了。到现在为止，我还没有向你表白过我的心情，我怕那会亵渎了你，会遭到你的拒绝或者是使你感到憎厌……但是我再也不能、再也不能抵抗你的眼睛和你的声音的魔力，我再也不能和那把我吸引到你跟前来的不可征服的力量相搏斗了。相信我，这一令人惊恐的搏斗在折磨我，我不能够，也不愿意再忍受这样痛苦的生活了……我爱你，密尔查，我美丽的姑娘！我爱你，犹如爱我们的战旗，犹如爱斯巴达克斯，但是大大地胜过爱我自己。如果我的爱情使你感到受了侮辱，那就请你原谅，因为这一神秘而又巨大的力量征服了我的意志和我的灵魂。相信我吧，我再也不能脱离它的掌握了。”

阿尔托利克斯的声音激动得发颤。溃堤的洪水终于冲破千里大陆，汇入了汪洋的大海。他不作声了，垂着头，顺从地，怀着一颗战栗的心，等待着她的判决。

阿尔托利克斯说话的时候，由于怀着深挚的感情，变得愈来愈热烈，而听他说话的密尔查也显得非常激动：她的眼睛睁得很大，并且满含着泪水，她好容易压住了冲到喉咙里来的哽咽，使自己不致哭出来。当阿尔托利克斯沉默下来的时候，色雷斯姑娘的呼吸由于极度的激动显得非常急促。她动也不动地站着，并不感觉到泪水已经循着她的脸颊流下，只用含着无限柔情的目光，注视着站在她面前的小伙子垂着的金发浓密的头。过了一会儿，她发出了被哽咽所引起的、好容易才能听出来的断断续续的声音：

“啊，阿尔托利克斯……阿尔托利克斯……阿尔托利克斯，”色雷斯姑娘的眼里饱含着幸福的热泪，她双手扶住支撑起营帐的支架，宛如支撑起她自己，“阿尔托利克斯，你最好是永远不要想念我！尤其是不要向我谈起你的爱情……”

“这么说，你不但对我毫不中意，而且还觉得非常讨厌？”高卢小伙子抬起苍白的脸向她转过身去悲哀地问道。

“我对你既不是毫不中意也并不讨厌，正直而又高贵的人啊。任何富裕而又美貌的姑娘，都会为你的爱情而骄傲的……但是你对我的爱……你必须勇敢地把它从你的心灵中撕掉……把它永远抛弃……”

“为什么呢？为什么？”可怜的阿尔托利克斯悲哀地向她伸手恳求。

“因为你不能爱我，你不能爱我，你不可以爱我，不可以……”密尔查回答，她那透过了哽咽的声音好容易才能听出来。

“什么？你说什么？为什么！”小伙子打断了她的话。

“起义军第四军团统帅，阿尔托利克斯！”泪如泉涌的密尔查颤抖着举起右手。

癫狂的阿尔托利克斯立刻向密尔查走了几步，他好想握住她的手，但仍有些歇斯底里地、强控制住以使自己不会失声大喊，他颤抖着说：“你说什么？不可能？为什么不可能？为……”

“我命令你，阿尔托利克斯，第四军团的指挥官，我命令你……”密尔查银牙紧咬，脸上露出一副决绝的表情。

“不……不可能……为什么……为什么……”阿尔托利克斯绝望地向密尔查伸出手。

“我命令你注意礼貌！我命令你永远也不准靠近这座营帐！我以斯巴达克斯的名义命令你！”

言罢，密尔查转过身子，走进帐幕。失神的阿尔托利克斯跌跌撞撞地很想跟着她进去。密尔查背对着高卢小伙子，坚决地举起右手，用嘶哑且断断续续的声音说：

“我以斯巴达克斯的名义命令你！永远也不要走进这座帐幕！永远不可以靠近我！”

阿尔托利斯终于垂下了头，在门槛旁停了下来。他无助地、痛苦地、悲愤地望着那帐篷的帘幕，仿佛战胜罗马人的喜悦都无法掩盖此时此刻的悲伤。

“让神王塔伦用雷火烧瞎我的两眼吧，在我失去理智之前让他把我化成飞灰吧！”阿尔托利克斯再也控制不住自己，痛苦地怒吼道。

而密尔查，她脸色如死人一般惨白，悄悄地、深情地背靠在帐篷的支柱上，静静地痛哭。

此时，忽然有一阵震耳欲聋的军号声响起，它将阿尔托利克斯震醒。接着，一双大手重重地拍在了他宽阔的肩膀上。

“斯巴达克斯？我敬爱的领袖……我……”

“什么也不用说，”斯巴达克斯热烈地拥抱了他的战士，然后以严峻的口吻讲道，“罗马人来了。”

“啊？怎么这么快？这次是谁？”

“罗马的最高执政官，吉伦齐乌斯·瓦尔洛·卢古鲁斯，他亲自来了。”

斯巴达克斯的起义军，在连连击败罗马的讨伐部队后，已经拥有了自己的土地，和多个完整建制的军团。但同时，他所带领的起义部队，也终于惊吓到了罗马的元老院。这一次，罗马元老院不惜派出罗马共和国的领导人，执政官台伦齐乌斯·瓦尔洛·卢古鲁斯大人亲自领兵出战。这也将是斯巴达克斯和他的起义军此时所要面对的最为严峻的考验。他能否战胜罗马的执政官呢？元老院又会做出怎样的选择呢？

共和国人物故事卷：

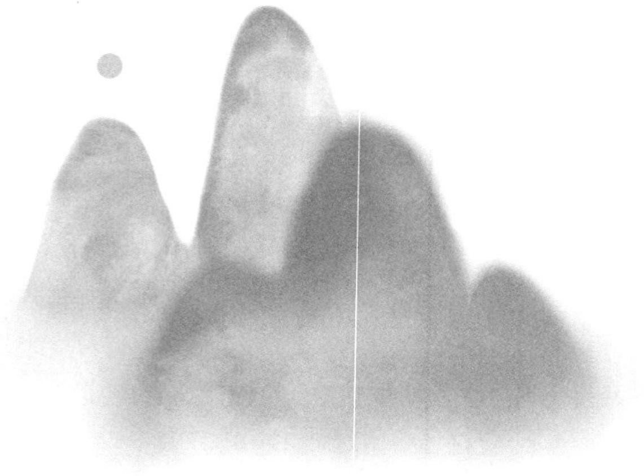

天罚之剑

在座的“诸位都是共和国最忠贞的公民们，我们有义务、有责任保护共和国的一切财产和尊严。但此刻，这个国家却遭受到了史无前例的耻辱与威胁。一个其貌不扬、出身卑贱的奴隶竟然屡屡挫败了我们无敌的军队。此时此刻，共和国已经到了非常危难的关头，我恳请在座的诸位，在此刻放下彼此的成见，让我们团结一致，罗马必将永垂不朽，荣光永存！”

雷鸣般的掌声响起，致敬这位元老院中年纪最大、最德高望重、脸上满是智慧的皱纹的老者。

“海利乌斯·普勃利克拉，年轻的执行官，说吧！说出你的建议。”

“我认为，罗马之所以陷入目前这一局势，主要原因在于我们对斯巴达克斯不甚了解。他到底是怎样一个人？他身为奴隶前的出身是什么？他的性格和能力是什么？他是如何号召起如此巨大数量的一批奴隶随同他一起共事，并将这样一帮低劣卑贱的人变得众志成城宛如我们的罗马军团一样的？我想，我们的失败，源于我们一直以来对他的轻视。我们对他一无所知，可他却对我们的行军，我们出征的每一位将领，我们罗马军团的战斗方式了如指掌。而这，正是我们曾无敌于世界的罗马军团，在面对一个奴隶时，却百战百败的根本原因！”

海利乌斯执行官的声音并不洪亮，但他的每一个字都无比坚定，就像奥拉哈的铁匠在捶打钢板一般，不可撼动，无法辩驳。

“普勃利克拉执行官大人，什么叫作一直以来对他的轻视造成了如今的失败？面对一个奴隶和他那一盘散沙的军队，难道我们就应该一开始就调集庞培军团、米达梯斯军团、恺撒军团来围剿他吗？你所责难的一切，无非都是建立在今日的失败上，而不是提出新的、好的、足以扭转当下耻辱局面的意见。”

“英勇的卢古鲁斯执行官大人！我的建议是，虽然斯巴达克斯彻底击败了大将军瓦利尼乌斯，但这样一场巨大的胜利，是需要时间去消化的，这还包括奴隶们在康滂尼亚省得到的兵员补充。借助这样一个机会，我们更应该选择暂停我们的脚步，去了解他，分析他，分化他，再将其轻易而彻底地消灭。”

“海利乌斯！在罗马的历史上，每一代的执行官，都是伟大而勇敢的将军。每当这个国家面临危难之时，更应该是我们作为第一公民挺身而出的时刻！如果因为你费尽心血终于坐在了这个大厅重要的宝座上而过于谨慎，以至于只敢躲在这大理石柱背后策划阴谋诡计的话，我，罗马的执行官，第一公民台伦齐乌斯·瓦尔洛·卢古鲁斯，将代替你，代替这里的每一个人，代替罗马出征，去迎战我们的敌人，迎战罗马的黑暗，迎战敢于挑衅这个国家尊严与荣耀的地狱恶魔！”

“我必须提醒你，执行官大人。事实是，斯巴达克斯和他的军团们势不可挡，他甚至远远超过了历史上任何一位伟大的罗马将军。”

“闭嘴，卡图！这里哪里轮得到你说话？克拉苏，你有什么异议吗？”

众人的目光齐刷刷地从卢古鲁斯转向克拉苏，这位苏拉执政下的第一将军。

“我赞同您的提案，没有异议。并代卡图，向您表达歉意。”

卡图有些诧异地望向克拉苏，后者则对他轻微地摇了摇头。

“那么，还有谁有话说吗？”最年老的元老问道。

“等等！为了彻底剿灭斯巴达克斯和他的奴隶军团，我，执行官海利乌斯·普勃利克拉，也将带兵出征，协同卢古鲁斯执行官共同作战！”

卢古鲁斯终于收起了他那副傲慢的表情，对海利乌斯投以赞许的微笑。

“只不过，尊敬的卢古鲁斯以及各位元老们，我还需要一一分析明白以上的一系列关于斯巴达克斯与他的起义军的情报和问题，请原谅我因此造成的一系列拖延和迟缓。”

“你就放心去吧年轻的执行官！你年纪尚轻，小心一点并不是错。但你最好快一点，赶在我彻底消灭斯巴达克斯之前来参加战斗。功劳可是不会等待你的。”

“那么，这就算通过了！”最年老的元老站起身来，高举右手。在座的所有人起立，纷纷举起自己的手。

“罗马，荣光永存！”

康滂尼亚省的战局在普勃里乌斯·瓦利尼乌斯将军在阿昆纳城下大败以后起了很大的变化，这使五万名武装的起义军变成了整个康滂尼亚省的主人，而他们的领袖，大元帅斯巴达克斯，让所有的罗马人都不得不羞愧地红着脸承认说他是一个刚毅、勇敢而又相当老练的统帅。在整个康滂尼亚省境内，除了某几个无足轻重的城市之外，罗马人的统治已经被彻底摧毁，起义军直接威胁到了沙姆尼省和拉丁省。

在这两个省份的背后，就是罗马那高耸如囚笼的城墙。现在，这支五万人的起义军，已经变成了一支具有极大威胁性的力量，以至于在元老大会后，两位当时当政的执行官，同时领兵出罗马，迎战斯巴达克斯。

台伦齐乌斯·瓦尔洛·卢古鲁斯首当其冲，他领着十二个罗马野战军团、四个辅助军团，共计十万大军，由他帐下的大贵族，凯乌斯·安菲狄乌斯·奥莱施杜斯为主将，浩浩荡荡地开向康滂尼亚省。另一位执行官，海利乌斯·普勃利克拉则如同他在元老大会所建议的，仅带着三个军团和一个辅助团，开始收集斯巴达克斯的各种情报，并从旁辅助卢古鲁斯和奥莱施杜斯。

凯乌斯·安菲狄乌斯·奥莱施杜斯是一个作战经验极其丰富的四十五岁的军人。他曾经做过十年的统领、三年副帅。他是独裁者苏拉钦点的大将军。他的勇敢、智慧和远见使他不仅在元老院里，乃至在平民阶级中间，都享有巨大的威望。

凯乌斯·安菲狄乌斯·奥莱施杜斯将军征得了执行官卢古鲁斯的同意，在原本十二个罗马军团的基础上，又征调了由意大利人、达尔马西亚人和伊里利亚人组成的同盟军，组成三个军团，共计两万人。除此之外，他还在坐镇诺尔巴的卢古鲁斯执行官的建议下，把在阿昆纳城下战败后逃回来的一万多名残余兵士编了进去，又组成了两个新的军团，共计十六个军团十三万罗马精锐战士。

这十六个军团，立刻在执行官卢古鲁斯的调动下，以最快的速度，向拉丁省集结，并交到奥莱施杜斯的帐下。卢古鲁斯坚信，由自己坐镇后方统筹调度，奥莱施杜斯亲上战场，定能在即将到来的早春时节，将斯巴达克斯迎头击溃。

春季降临了，它给人们带来了光芒万丈、向大地慷慨地倾泻温暖的太阳，也带来了透明的蔚蓝色的天空，醉人的野花和芬芳的嫩草织成的华丽地毯。小鸟儿为春之女神唱起了颂歌，同时它们自己也神秘地发出了爱的呼唤。这时候，罗马人和起义军的队伍同时出发，一方从拉丁省南下，另一方从康滂尼亚省北上，他们准备用人类的鲜血，灌溉绿色的意大利沃野。

奥莱施杜斯从诺尔巴出发，循着阿庇乌斯大道直趋芬提。前方斥候来报，斯巴达克斯已经从里吉尔纳姆循着陀米齐乌斯大道出发了。于是，聪明的奥莱施杜斯就立刻抢先在芬提建筑了营垒，占领了一个可以使他的一万名重骑兵立刻俯冲而下的高地。

果不其然，几天后，当斯巴达克斯率领大军到芬提，企图沿着陀米齐乌斯大道继续前进之时，奥莱施杜斯立刻就派出了强大的重骑兵队突袭起义军。起义军猝不及防，先锋被打散，在丢下一百多具尸体后，斯巴达克斯下令全军撤退至陀米齐乌斯大道南端的福尔米耶，他在那里的两个丘岗之间建筑了一个营垒，居高临下地扼住了阿庇乌斯大道，与奥莱施杜斯对峙。

然而，奥莱施杜斯与前面所有的罗马统帅都不一样，虽然他手下有十六个军团的强大兵力，且首战出捷，但他依旧稳稳地选择在芬提按兵不动。奥莱施杜斯的想法很清晰，自己拥有绝对的人数优势，战场攻守的主动权尽在掌握之中，只要稳扎稳打，不中任何起义军的陷阱，这一仗就不可能输。而起义军则不得不行动，因为时间拖得越久，对起义军的士气和处境越不利。

此时，奥莱施杜斯还得知了一个消息，坐镇诺尔巴的卢古鲁斯执行官，还在不断地调集更多的罗马军队前来合围斯巴达克斯。同时，他已经写信给了另一位同时出征的执行官普勃利克拉率领三个军团迅速向这里靠拢。

面对来势汹汹且稳如泰山的罗马统帅，斯巴达克斯在起义军的军事会议上提出了一个无比睿智的理念。那就是，越庞大的野兽，行动起来就越不灵敏，而且它所需的食物就越多。

于是，在第十五天的黑夜，斯巴达克斯亲率八个军团，在保持极度肃静的情况下悄悄出发。福尔米耶的营垒中只留下艾诺玛伊率领的两个军团和一个骑兵队。斯巴达克斯沿着海岸整夜地行军，把一路上碰到的农夫、移民和渔夫不论男女老幼都作为人质扣押起来，以免他们行军的消息传到敌人那儿去。他用急行军穿过那座直到现在还环绕着泰拉钦纳城的森林，不时地向樵夫和烧炭夫探问路径，终于在敌人后方的森林边缘建筑了一座营垒。

等到奥莱施杜斯发现起义军居然绕到后方时，他诧异极了。不过，他还是如以往一般，冷静而慎重地用种种方法把全军的作战热情压了下去。

奥莱施杜斯向罗马全军下令，谁也不准擅自出战，更不准提出战的任何建议！他坚信，只要等到两位执行官调度的各路大军合围，斯巴达克斯和他的卑贱奴隶军们，就是插翅也难逃了。

整整八天，起义军徒然而白费力气地向敌人挑战，可奥莱施杜斯就是按兵不动。

“我就是不出来，斯巴达克斯，我倒要看看你能把我怎么样？”

“我们能！”斯巴达克斯在会议上大笑着对他的战士们说。

于是，这位足智多谋的起义军领袖开始不断地在芬提、英吉尔拉姆纳和福尔米耶之间的各路险要处修筑大大小小的营垒。每一个营垒都用高耸的防栅和宽阔的外壕给围了起来。不出三天，起义军毫不费力地就占领了阿庇乌斯大道的各大冲要阵地。

就这样，可怜的奥莱施杜斯被起义军彻底包围了。现在，他只能选择，要么被迫与起义军决战；要么在七八天以后直接被饿死或投降。

奥莱施杜斯陷入无比绝望的困境。现实逼迫他必须出去攻打起义军们的某一个营垒寻求突围，但是他却没有一点儿战胜敌人和消灭敌人的希望。因为他明白，除了他进攻的那一路敌人之外，他还要与其他所有方向的敌人同时战斗。更何况，起义军的每一个营垒，都建在一个个狭窄的关口。这样的关口，直接把他的十六个军团的绝对人数优势给消磨得干干净净。

这下惨了，原本赶时间的起义军在此刻却可以优哉地消磨日子，奥莱施杜斯则不得不为他十六个军团能吃饱肚子，不至于在战死前先被饿死而悲愤不已。

悲哀而又焦急的奥莱施杜斯将军日日夜夜地考虑着对付的办法，却始终找不到一条脱离这一极其危险局势的出路。而此时，另一个之前的隐患也开始显现出来。被收编的那一万考提峡谷之败的残兵，开始不断鼓吹斯巴达克斯是多么不可被战胜，奥莱施杜斯统帅是多么愚蠢。终于，十六个军团的罗马战士们，一个接一个地开始变得垂头丧气了，开始咒骂他们的将军。紧接着，这咒骂声越来越响，越来越毒。他们骂奥莱施杜斯是一个懦怯无能的统帅，在以前胜利很有希望的时候回避战斗，到了现在却要使他们遭到失败和死亡的厄运。骂他是一个比瓦利尼乌斯还低能的家伙，竟然让这支强大的军队，在决战前就落入了必败的境地。

为了更有效地达到削弱罗马军团士气的作用，斯巴达克斯每天晚上都让各个营垒的战士们开篝火晚会，并在每一个深夜三班倒地换着人在罗马军的营垒前敲锣打鼓，大喊大叫。可怜的罗马军团，白天得不到充足的食物，晚上又不得安宁的睡眠，全军崩溃在即。

被逼无奈的奥莱施杜斯，终于想出了一个他自认高明的计策，当着全军的面，请祭司来占卜献祭。虽然这个办法不但怯懦愚昧而且愚蠢不堪，但奥莱施杜斯正是要利用绝大多数战士对神灵的迷信和恐惧，来逆转当下这可怜的处境。

奥莱施杜斯向全军宣布，他将要对朱庇特、马尔斯、奎林三位大神举行一次大规模的祭祀，使他们能感应占卜祭司，然后由祭司们用他们的预言来教导罗马军队怎样脱离这一危局。

在罗马军营的将军法场的右面，总是会修建一个专门用来祭神的场地。那儿有一个圆形的石祭坛，上面有一个燃点圣火的凹穴。祭坛的一边有一个洞，祭神时浇奠的葡萄酒可以从那儿流出去。祭坛的周围插着许多长杆，上面点缀着用玫瑰花以及其他花朵编成的花环。于是，侍奉朱庇特、马尔斯和奎林三位大神的祭司开始向那儿走去。所有的祭司都披着白绸长袍，用扣针在脖子那儿扣住。他们的头上一律戴着尖顶的白绸法冠。

在占卜祭司们的一系列神棍行为后，奥莱施杜斯宣布了祭司从神那儿得来的旨意，那就是罗马军队必将在明日获得胜利。绝大多数的罗马战士终于还是被蒙住了，他们纷纷起立，振臂高呼。

当然，奥莱施杜斯深知，仅仅凭借神棍的蒙蔽，是不足以突围成功的。于是，他又指派了五个罗马士兵到起义军那儿投降。

当这五个降兵被领到斯巴达克斯跟前的时候，他们五个人就各尽其妙地耍着花巧，向他说出同一内容的话来：他们的将军准备在当天晚上秘密离开营垒，攻打驻扎在福尔米耶附近的起义军军队，然后用急行军向加尔斯前进，他的目的是躲到加普亚城内去。接着，这些投降的兵士又解释他们之所以从罗马人营垒中逃出来，是由于他们不愿意跟着他们的军队一起送死，他们认为胜利毫无希望；他们断言奥莱施杜斯将军的计划不可能获得任何结果，因为斯巴达克斯已经把他们团团包围。除了投降，是没有别的出路的。

斯巴达克斯注意地倾听着这些投降兵士的话，他向他们提出种种问题，用他严厉的洞察一切的蓝眼睛仔细观察着他们的脸色。斯巴达克斯那好像匕首一般锐利的目光，使他们大为恐慌；他们在回答斯巴达克斯的时候，就不止一次地陷入混乱和自相矛盾的地步。色雷斯人沉默了好久，低着头陷入沉思之中，终于，他抬起头来，好像在跟自己商量似的说：

“我明白了……是的，一定是这样……”

接着，他转过身子，向站在司令帐中的一个不久前他被迫任命的传令官说：

“法拉维乌斯，你把他们带到那边帐幕里去，命令卫兵严密监视他们。”

在沉默了几分钟后，斯巴达克斯叫来了一个叫阿尔塔克斯的统帅，他把他领到一边，对他说：

“这几个投降的兵士都是间谍……”

“怎么是间谍？”年轻的阿尔塔克斯惊奇地叫道。

“他们是奥莱施杜斯派到这儿来的，目的是想迷惑我。”

“真的？”

“他想使我听信这五个投降兵士的胡说，但实际上他的行动恰好与这相反。”

“他准备怎么办？”

“你听着：不论是对奥莱施杜斯还是对任何处在同样情况中的指挥官，最自然而又最合理的办法是朝着罗马的方向冲破我们的阵线，绝对不会是相反地朝加普亚冲。如果他在遭受了无可避免的混乱和伤亡的损失以后冲破了我们的阵线，躲进了加普亚，那就会使拉丁省的大道暴露在我们的前面，我们就可以自由自在地循着它直达罗马城门口了。为了保卫罗马，他必须向罗马方面突围；罗马就是他的根据地。如果罗马在他的后方，即使他所统率的军队比目前还要少，对我们还是严重的威胁。因此，他一定会朝罗马那边大胆地做突围的尝试，而绝不是像他叫他的间谍迷惑我的那样向福尔米耶突围。”

“我对梅尔库利斯发誓，你的判断非常准确。”

“因此，我们必须在今天晚上离开在森林中隐蔽得很好的营垒，循着阿庇乌斯大道通往罗马的方向前进，到那边选择最安全的地点建造营垒。经过这一转移，我们就接近克利克萨斯了。如果我的估计没有错误，罗马人的主力一定会在明天早上向他进攻。艾诺玛伊必须在今天晚上离开他们在福尔米耶附近的营垒，向前靠近敌人。”

“这样一来你就把敌人脖子上的绞索抽得更紧了，”年青的阿尔塔克斯现在对领袖的整个计划已经完全明白了，不禁怀着真正的赞赏心情叫道，“然后……”

“然后，”斯巴达克斯打断他道，“不论他走哪一条路，我们所占据的地位都能够使我们获得胜利。即使他真的率领他的军团去攻打艾诺玛伊，由于艾诺玛伊已经靠近了芬提，也就同时靠近了我们，因此我们就可以立即赶去援助我们的日耳曼军团。”

斯巴达克斯叫来了三个传令官。他命令他们骑马用全力飞跑到福尔米耶附近的营垒中去，但他们必须分先后出发，前一个人与后一个人之间必须相隔半小时，他们应该先后向艾诺玛伊转达他的命令，两个日耳曼军团必须赶到离芬提六七千米的地方扎营，此外，他又命令另外几个传令官去警告克利克萨斯，告诉他敌人可能对他发动攻势。

斯巴达克斯的急使在黄昏时赶到了艾诺玛伊那儿。在他们到达以后两小时，日耳曼人的军队就向芬提出发了。他们用三千名骑兵做前锋，极其小心地向前推进。到了半夜，在极度的静寂中，艾诺玛伊命令自己的军团在一座覆盖着黑莓丛和小树林的丘岗旁停下来，开始建筑营垒。尽管寒冷彻骨的细雨从天黑以后就不停地下了好几个钟头，日耳曼人还是下了筑营的命令，而且以身作则，第一个动手挖掘外壕，树立新营垒的防栅。

一切正如斯巴达克斯所预料的那样发生了。拂晓时分，克利克萨斯营垒前面的哨兵来报，罗马军队突然向这个方向袭来。

早有准备的克利克萨斯立刻下令集结全军。掷石兵迅速前进，向罗马人投去石块和投枪，同时把两个军团领出了营垒，列好了交战的阵势。

起义军们刚发出第一阵投枪，奥莱施杜斯就率领他的军团发动了进攻；他立刻命令轻装步兵和掷石兵从主力部队的间隙中冲出去，他们排成一列分散的队伍，向起义军进攻。

轻装的罗马步兵在发出几阵投枪以后，立刻向主力部队退却，腾出空处给三千名骑兵，那些骑兵就以不可阻遏的狂暴攻势向对方的掷石兵猛扑。克利克萨斯立刻下令吹退兵号，但是徒步的掷石兵不能迅速退却，罗马的骑兵就追上了他们，把他们的队伍冲得乱七八糟、惊惶万分。起义军们遭到了很大的损失。在极短促的时间内牺牲了四百多人，幸而一条宽阔的溪涧挡住了罗马骑兵的进路，起义军们隐蔽到对岸去了。

当克利克萨斯率领第三军团向溪边赶去时，罗马骑兵已经聚集在溪岸上了。起义军们立刻向敌人发出一阵密集的投枪，罗马骑兵就乱纷纷地向后退却了。

奥莱施杜斯召回了骑兵，立刻率领他的各个军团向克利克萨斯的军团猛攻。因为他不仅必须取得胜利，而且必须迅速地、毫不迟延地取得胜利。因为每浪费一刻钟都可能使敌人援兵赶到，这会使他遭到覆灭的厄运。

因此，罗马人开始用极狂暴的力量向起义军们猛扑，起义者的第三军团的阵线动摇了，几乎快要崩溃了。但是，英勇的阿尔托利克斯的模范行动和热烈的呼喊以及克利克萨斯非凡的刚毅精神鼓舞了他们。特别是克利克萨斯，他站在战线的最前列，他每刺一下短剑就要杀死一个敌人。起义军们以无比的英勇挡住了罗马人的猛攻，这是一场极其残酷的血战。

天空是阴沉的、灰色的，寒冷刺骨的细雨不断地下，下，下，武器的碰击声和交战者的喊声响彻了四野。

又是一个罗马人的军团从右面绕了过来，他们准备攻打起义军军队的侧翼。鲍尔托利克斯率领了第四军团迎了上去，但是他刚刚和敌人接触，奥莱施杜斯的最后一个军团又从另一面迂回过来了。现在战斗的命运已不是勇敢和无畏所能决定，而是由人数的多少来决定了；克利克萨斯明白，再过半小时他们就要陷入重围，被敌人彻底击溃。而他的一万名战士也就要全部完蛋了。

在这半小时之内，斯巴达克斯是不是能够赶来援助他呢？

克利克萨斯无法确定这一点，因此他命令鲍尔托利克斯率领第四军团撤退，一面战斗一面竭力保持秩序，同时，他也向第三军团下达了同样的命令。

虽然起义军们显示出了空前的英勇气概，但无论如何，撤退还是不可能十分有组织地进行，因此，他们遭受了重大的损失。在罗马人的猛烈攻打下，角斗士们决定在两个大队兵力的掩护下，全部退到营垒中去，而这两个大队为了挽救其余的部队就只好牺牲了。

这一千多个高卢人展现了惊人的英勇气概，他们不但毫无惧色，而且怀着兴高采烈的心情去迎接死亡。不到一会儿，四百多名战士倒了下去：他们的创伤几乎全在胸口上。已经撤退到营垒里的起义军们，为了把其余六百多名伙伴的生命从死神手中夺回来，纷纷爬上防栅，开始向敌人掷去大量石块和密集的投枪，那使罗马人被迫退却而且停止了战斗。

于是奥莱施杜斯下令吹集合号，他用尽一切力量把自己的军团整顿好，因为他们已在延续了几乎两小时以上的激烈战斗中受到了很大的损失。接着，他命令他们小心地向华维尔纳前进。他庆幸自己狡猾的计策得到了成功，而且认为他已经使斯巴达克斯离开泰拉钦纳向福尔米耶进发了。

但是，罗马军队的前锋在阿庇乌斯大道上还没有走上两千米的路，斯巴达克斯军团中的掷石兵，已经向这位将军率领的军团——他们正向毕维尔纳和罗马前进的左翼发动了进攻。

奥莱施杜斯一看到这情形吓得魂飞天外，他只得先把骑兵队派出去攻打斯巴达克斯的掷石兵，同时把自己的四个军团向斯巴达克斯列开了阵势。然后，他又把另外两个军团朝另一边展开，以便抵挡克利克萨斯的攻打，因为这位将军明白，克利克萨斯一定会重新对他发动进攻的。

果然，起义军军队的第五、第六军团刚刚和罗马人发生战斗，克利克萨斯就已经整理好他的军团，把他们带出营垒，向奥莱施杜斯将军的军队发动进攻了。

这是一次极其残酷的流血的战斗。这一战斗延续了半小时，但是交战双方还没有一方能取得优势。突然，在那遮住交战者的视线、使他们看不到芬提城的丘岗顶上，出现了艾诺玛伊部队的前锋。日耳曼军团的战士们一看到下面山谷中已经发生了战斗，就发出惊天动地的叫喊声，向罗马人冲去。遭受三面围攻的罗马人，很难抵挡人数众多的起义军军队的冲击。他们的战线动摇了。一会儿，罗马人就开始七零八落地逃命，循着阿庇乌斯大道向毕维尔纳的方向飞跑。

起义军们开始追击溃逃的罗马人。斯巴达克斯命令全体起义军紧紧地追赶敌人，这样就可以束缚敌人骑兵的活动，使他们不能攻打已经分散但同时却不能歼灭敌人的起义军们。

最后一个率领军队来到战场上的是葛拉尼克斯，因为他扎营的地点最远。他的出现加速了角斗士们大获全胜的进程。葛拉尼克斯是一个足智多谋、老成持重而且富有战斗经验的人。他接到了克利克萨斯通知他的消息以后，就向阿庇乌斯大道进发。他在芬提和毕维尔纳之间进行了艰难的行军，他采取了斜线的方向，但那使他到达阿庇乌斯大道上离芬提较远、但离毕维尔纳较近的地点。葛拉尼克斯早已预见他所碰到的罗马人一定已经被打垮了。所以他就正好在奥莱施杜斯将军的部队开始溃败的当儿攻打他们的右翼，让罗马人彻底崩溃。

这一次血战是空前的，罗马方面的十六个军团全数被起义军打散。阵亡超过了一万七千人，四千人被俘，负伤无数。而起义军这边，伤亡一共才两万。

是夜，奥莱施杜斯将军带着他的骑兵队，这唯一一支保留着建制的队伍，精疲力竭地逃进了毕维尔纳城，并于第二天拂晓，退回了诺尔巴，向坐镇在那里的卢古鲁斯执行官汇报。

就这样，由元老院集体开会，准备了三个月，由执行官卢古鲁斯亲自点将率领的，集合了十六个军团的庞大战力，仅仅一个半月就被斯巴达克斯打得散成了纷飞在阿尔卑斯山峰上的细雪。

时至此刻，普勃利克拉终于是姗姗来迟。在诺尔巴，卢古鲁斯几欲暴跳起来指责普勃利克拉的怯懦和迟缓。然而普勃利克拉却微笑着说，他找到了可以一举歼灭起义军最强战力的绝妙计策。

芬提之战后，斯巴达克斯领着自己的军队一路向北，来到维纳西亚附近扎营。在这一个月内，约莫有一万名以上的奴隶，从阿普里亚省的各个城市和乡村纷纷投奔到起义军的营垒中来。斯巴达克斯立刻把他们编成了两个新的军团，并就地在此训练他们。

就在起义军开始大张旗鼓地扩张队伍时，一个骄傲的罗马骑士，高举着和谈的旗帜，走向起义军的营垒。

无数的起义军战士围拢过来，不断戒备着。而斯巴达克斯则面容轻松地摆手示意大家放松，他放任这个傲慢的骑士骑着马径直来到他的跟前才下马。

“我是罗马的骑士赖拉，我前来寻求与你们和谈。”

“那么，高贵的骑士赖拉，里面请吧！”

斯巴达克斯的彬彬有礼让傲慢的赖拉有些惊讶，随即他收敛了几分气势，也礼貌地跟在斯巴达克斯后面走向营帐。

此时，谁也没注意到，在营垒的另一边，艾诺玛伊营垒的方向，走来一个无比美艳的希腊女人。

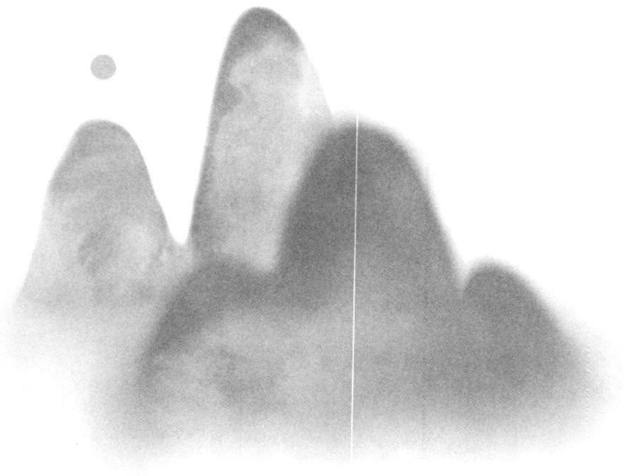

共和国人物故事卷：

雄狮之眠

“令人敬佩的奴隶，这支军队的领袖，了不起的斯巴达克斯元帅。我是骑士赖拉，来自罗马的使者。”骑士摘下头盔，非常优雅地向斯巴达克斯点头致意。他穿着金黄色的铠甲，闪闪发亮的战裙一直覆盖过他的膝盖，只露出那修长的、几乎不染尘埃的黄金胫甲的、雕刻着云彩双翼图案的下半段。他的身后，是比盛放的玫瑰花儿还要火红的斗篷，一直延伸到他的左胸，被一个漆饰着猫徽章的扣子稳稳地扣在肩膀上。

猫，在罗马，象征着自由。

“令人敬佩的领袖，我来到您这里，是负有卢古鲁斯执行官给我的两个使命的。”

“那么请说吧，高贵的骑士？”

“我奉命向您建议，希望您可以同意把芬提战役里，所有被你们俘虏的罗马人全部还给我们。”

“第二个使命呢？”

斯巴达克斯快速且不假思索的一句意料之外的追问，让赖拉忽然不知所措起来，他张开口，又觉得喉咙干涩，不知如何是好。虽然斯巴达克斯的脸上一直带着非常礼貌的微笑，但在赖拉看来，这微笑比大海里可怕的戈尔贡还邪门。

“我可以把俘虏还给你们，但你们必须用最好的工匠制作一万把短剑、一万面盾牌、一万副铠甲、一万支投枪以及十万支羽箭来换。”

“什么？！”赖拉再也无法端住自己的仪态，惊叫道。

“我再强调一次，必须是由罗马最好的工匠制作。否则，”斯巴达克斯的微笑中流露出了一股森冷的寒气，“我会把他们一个一个钉死在十字架上，排在陀米齐乌斯大道的两侧。就像你们罗马人对待我们一样。”

“野蛮人！我对万神之神朱庇特发誓，你们休想得到任何一把武器，哪怕是一寸铁！我们罗马人就算救不了自己的同胞，也不会做出任何有损于自己的国家，有利于我们敌人的事情！”

“说你的第二个使命吧！”斯巴达克斯平静而冷酷地说道。后者则在一阵局促的喘息后，渐渐平复了下来。

“元老院知道了你和范莱丽雅的爱情，更知道了你和她的女儿。”赖拉一边说一边静静地观察着斯巴达克斯的表情，“为了成全你们的爱，元老院决定破例让她改嫁给你，尽管她是伟大的苏拉的孀妻。”

“然后呢？”斯巴达克斯的脸上没有一丝波澜，甚至连此刻的说话，都是那样的轻易而没有一丝一毫的颤抖。

“你们可以选择在罗马任何一个城市定居下来，你去做那里的总督，永远快快乐乐地和妻女生活在一起。或者，若是你怀念战场上的英勇杀伐，你还可以选择去加入庞培、恺撒，去任何一个军团，任何一个战场，去挥舞你的热情和短剑。”

“那我的弟兄们怎么办？”

“啊！这个你不用担心，宽容慈悲的元老院已经决定将他们一同赦免了，所有的角斗士回到角斗士学校；所有的奴隶回到他们的主人身边，之前一切的忤逆和叛乱将一笔勾销，所有的罪行都将被元老院忘却。所有的人回到从前的日子里，而你则可以安享余生。”

“所以，元老院愿意宽大、慈悲地原谅我们的一切过错？”斯巴达克斯脸上的笑容开始变得温暖起来，他的身子也更加靠近赖拉。

说到此刻，赖拉的语气也更加热烈起来，他有些抑制不住心中蠢蠢欲动的欢愉，满脸堆笑地说：“是啊是啊！而无条件地释放所有的俘虏，就是你向罗马表达的第一个诚意。”

“多谢！多谢！”斯巴达克斯拍了拍胸脯，做出一个长出一口气的动作，他欢快地挺了挺身子，甚至久违地伸了个懒腰，快乐地说：“多么仁慈，多么宽宏大量的元老院啊！他们原谅了所有因为造反而理当被钉死在十字架上的奴隶们；他们赦免了在黑暗的钩心斗角的世界里，辗转腾挪，艰难浮沉了近八年光阴，发誓一定要推翻他们的战士；他们赦免了一群震撼了这片大地，威胁了他们高高在上华丽的宝座，高举了与他们统治相反的、平等自由的旗帜的队伍。因为他们的宽容、慈悲、甚至是……无可救药的愚蠢？你是这个意思吗？”斯巴达克斯双目如熔岩烈火、如天雷闪电，他死死地盯住赖拉，然后一个字一个字地，用泰坦巨人盖亚抡起大地上最巍峨的山峰时才有的轰隆声说：“这是你的意思吗！执行官卢古鲁斯大人！”

罗马人先是一震，但紧接着，一股可以和高悬在天上的阳光争耀的，足以融化阿尔卑斯山顶上冰封千年的寒冰的光芒，从那件金黄色的战甲和火红色的披风中奔流而出，狠狠地与斯巴达克斯的熔岩雷鸣撞在了一起。

罗马的使者、骑士赖拉不见了，取而代之的是罗马的首席执行官、第一公民，骄傲的台伦齐乌斯·瓦尔洛·卢古鲁斯！

所有的暧昧与伪装都在两位伟大领袖的碰撞中消亡殆尽。

“愚蠢的野蛮人，你挑起了一场绝对不可能获得胜利的战争！”

“建立在对他人的暴政与剥削下的罗马，必将在自由的歌声与旗帜下倒塌灭亡！”

卢古鲁斯执行官戴上了他的头盔，举步欲走出斯巴达克斯的营帐。

“别忘记，一万把短剑、一万面盾牌、一万副铠甲、一万支投枪以及十万支羽箭。记住，我要最好的！”

卢古鲁斯顿住了，但他没有回头。在短暂的沉默后，他缓缓说道：“二十天后，在毕维尔纳城东十英里的平原上等我。”

……

入夜，在起义军营垒的另一边，艾诺玛伊部的营帐内。

“啊，我神奇的爱芙姬琵达呀！”勇猛的艾诺玛伊跪在地上，他的面前是尽管坐在凳子上但依旧比艾诺玛伊矮一个头的希腊美人，爱芙姬琵达。

早在白天，伪装成骑士赖拉的卢古鲁斯执行官，从正面进入斯巴达克斯的营帐时，爱芙姬琵达则从背面，以奴隶的身份（事实上，她也确实是奴隶），混进了艾诺玛伊的营帐。

爱芙姬琵达，她此时还不到二十四岁。在八年前，即罗马纪元668年。那时正值苏拉攻破雅典之时，身为贵族之女的爱芙姬琵达便做了罗马人的俘虏。可怜的美丽少女落到一个荒淫的贵族手中，在经历一系列侮辱和折磨后，这个可怜的年轻女孩就此彻底走上了堕落的道路。由于爱芙姬琵达和罗马那些好色的老头子发生了肉体关系，她很快就获得了自由，甚至成了罗马的名媛，渐渐获得了不菲的财富。

她的稀世美貌无须再次引用诗人们的额外描述，读者们只需知道，她仅凭此，就能从一介奴隶，换得自由。

现在，在这营帐里的一对头颅呈现了奇特的对比。爱芙姬琵达俊俏的脸庞和白嫩的皮肤，强烈地衬托出艾诺玛伊那粗犷的、黑黝黝的和泥土同一颜色的脸，而日耳曼人乱蓬蓬的头发和蓬松的胡须，也更加突出地映出了这位美丽的妓女的可爱的红发。

“会开得很久吧？”爱芙姬琵达问，一面用亲切而又关怀的眼光望着跪在她前面的魁梧的日耳曼人，“你一定很累了。”

“是啊是啊，很久很久……太久了！”艾诺玛伊急切地说，“我对你说，我对这些会谈真觉得厌倦。我是一个战士，我对托尔的雷火发誓，那些会议可真不合我的心意。”

“但是斯巴达克斯也是一个喜欢行动的人，如果他的勇气再加上审慎，那对我们事业的胜利只有帮助。”

“这话不错……我并不否认这一点……但我宁愿此刻、立刻直取罗……”艾诺玛伊瞪大了他那双血瞳大眼，因为他被爱芙姬琵达那比大理石还要嫩白的双手环住了脖子，被她堵住了双唇，以至于终究没能说完这句话。

良久，两人分开，都不作声。艾诺玛伊显出极其忠实、温柔的态度望着希腊姑娘，但这种态度好像不是他这样笨拙的粗手大脚的汉子所能够有的。而爱芙妮琵达则无比熟练地，用脉脉含情的目光，甜甜地、柔柔地，宛如注视着大英雄赫克里斯般，仰望着粗犷的日耳曼人。

“你们在今天的会议上讨论了一些重大而紧要的事情吧？”希腊姑娘问，她好像是在无意之间顺便提起似的。

“是啊……重大而又紧要……他们都这么说……不论是斯巴达克斯、克利克萨斯还是葛拉尼克斯都这样说……”

“那么，你们大概也讨论了将来的军事行动的计划吧？”

“并不完全是这样……但我们所讨论的事跟这一点有很大的关系。我们讨论了……啊，是的，”日耳曼人喊了一声，突然醒悟过来说，“我们曾经互相用神圣的誓言约定，不准把我们讨论的事情泄露给别人。可是我连自己也不觉得，险些儿全把它说出来了。”

“我希望……听取你的作战计划报道的对方不是敌人。”

“啊，我神圣的维纳斯啊……难道你竟认为，如果我不把我们的决议告诉你，就只是因为我不信任你吗！”

“不……你是大英雄，勇猛，如赫克般英勇的艾诺玛伊，”希腊姑娘面带哀伤地小声嘀咕道，她似乎想表现出是自言自语，但又故意不可察觉地让艾诺玛伊听见，“我对台尔菲的阿波罗起誓，我把全部财产统统献给了解放被压迫者的事业，我抛弃了豪华安乐的生活，我从一个柔弱的姑娘转变成一个自由的战士，但我终究，只是……只是……”

爱芙妮琵达撇过脸，轻微地抽泣起来。

“啊！奥丁！救我！”艾诺玛伊几欲咆哮，却又怕吓着眼前的姑娘，“……我的女神，你得相信我。我不仅崇拜你的美貌，而且非常尊敬你那崇高坚决的灵魂……我非常尊敬你，我甘愿不管我的誓言把一切统统告诉你……”

“不，不，绝对不要！我凭什么来干预你们的秘密？我更不想因此毁灭你作为英雄的证明。我……我一点也不想知道……”爱芙姬琵达做出了一个想要站起离去的动作，但又因为她动作的幅度颇大，而有些踉跄地几乎跌倒在椅子上。

“你为什么要对我这么生气呢？啊，我的可敬的姑娘！听我说……听我说，听我说！我求求你……你得明白，这事情是……”

“闭嘴，闭嘴，我不要听，我不愿意你毁弃誓言，我不愿这一切的事业遭受威胁！如果你相信我，尊敬我，像你所说的爱我，如果我对你就是你的身体的一部分，就像你对我是我自己身体的一部分一样……你就会明白，你的誓言约束着你，它使你对一切人保持会上讨论过的秘密，但决不能对我……如果我对你，照你的说法，是你的灵魂的灵魂，你的一切念头都贯注在我的身上……如果你对我的，是纯洁的爱情，并没有任何的不忠贞不渝的、绝对的、甘心使自己变成所爱的人的奴隶的爱情……而不是我这可诅咒的美貌，你所渴望的不只是我的热吻……可是你却没有真正的、深挚的爱情，我……我的爱情，只是我的幻想吧……”爱芙姬琵达的声音是颤抖的、激动的、哽咽的，她的语言复杂且逐渐在失去逻辑。最后，她再也忍不住了，失声痛哭起来。

艾诺玛伊简直要疯了。他惊恐地咕哝了几个不相连贯的字眼以后，就一下子扑到地上去吻姑娘的脚。他请求她饶恕。他对天发誓，说以后无论如何也不再怀疑她了，他说他一直爱她、尊敬她、崇拜她，把她当作世界上最神圣的女人，把她当作女神。接着他开始向她搬出他的宗教中所有的神的名字来起誓，而且极其恳切地请求爱芙姬琵达听他说话。他再三强调，从今以后不论他起过什么誓、受过什么约束，他一定永远相信她，因为她是他的灵魂的灵魂，也是他的生命的生命。

接着，艾诺玛伊把军事会议上讨论的一切都扼要地告诉了希腊姑娘。他是跪着说的，跪在即使他跪着也比自己矮的姑娘面前哆嗦着说完了这一切。

“哦！我知道了，起来……起来，我心爱的艾诺玛伊，”爱芙姬琵达用双手捧起艾诺玛伊黝黑的脸庞，她的声音又恐惧又羞怯，“起来，这不是你应处的位置，起来……到这儿来，到我的身边来……近一些，贴住我的心。”

她一面说，一面拉起了角斗士，温柔地把他拉到了自己身边，然后，她再次用那双被大自然精心雕琢的手，环住了巨人的一切，悄然地在他耳边喃喃吐气：

“你才是起义军的英雄，你才是我的英雄。”

……

二十日后，在毕维尔纳城东十英里的平原上，执行官卢古鲁斯带来了一万把短剑、一万面盾牌、一万副铠甲、一万支投枪以及十万支羽箭。每一样装备，都是由最优秀的罗马工匠亲手打造。而斯巴达克斯也遵守诺言，将罗马的俘虏全数归还给了卢古鲁斯。

尽管在这场剑拔弩张的交换中，斯巴达克斯和卢古鲁斯都显示出了高贵的品质和绝对的诚信，双方都没有使出什么阴谋诡计，但即便如此，一个悲剧还是发生了。

一位罗马老兵，当得知卢古鲁斯执行官要用如此昂贵的装备来换取他们这些战俘的生命时，悲痛地号啕大哭。他跪在地上，谁也拉不动，接着，他开始高举双手诅咒自己和斯巴达克斯，最后他突然跳起夺过一把短剑，刺进了自己的心脏。

“肮脏卑劣的野蛮人，我要结果自己的生命，我的双眼再也不能被你们那污秽的胜利所污染了！我曾见证马略征服四方；我曾听遍苏拉的凯旋之音，现在我却在临死前见到罗马受到这样的侮辱。野蛮人！我向天神发誓，诅咒你们！诅咒你们！！！”

愤怒的起义军战士们纷纷拔出刀剑想要冲上去亵渎这个老兵的尸体。斯巴达克斯拦住了他们，在起义军不可置信的目光中，斯巴达克斯手捧罗马老兵的尸体，如同敬重一位英雄一般，恭敬地交给卢古鲁斯执行官。执行官没有说话，点头示意并接过尸体后，就率部离去了。

可是，谁也没想到，或许是老兵的诅咒灵验了，这场并不大的悲剧，却在之后引发了一系列惨案，并严重地影响了这场战争的走向。

在当晚的庆功宴上，正当斯巴达克斯高举酒杯发表演说之时，艾诺玛伊突然跳了起来。

“我伟大的领袖，我的信仰，大元帅斯巴达克斯，你不应当给予罗马人如此的尊重，他们不配！”

“我亲爱的艾诺玛伊，你要知道，正因为罗马有着这样的人，他们才真正配得上这样的疆土，这样的辉煌，这样的盛世！”

“看呐，兄弟们！看呐，我们的领袖，半神半人的斯巴达克斯，竟然开始夸赞起了我们的敌人，夸赞起了罗马人！”

“从我第一天带领你们开始，我就在强调，我们反对的是罗马的暴政，是罗马的不公。但罗马军队与罗马人与生俱来的优点，则更是我们需要学习的。我一直都在强调这一点！”

“好吧斯巴达克斯，那你告诉我，当着所有弟兄们的面告诉我，在你得到如此多的收获之后，你准备怎么样？你准备怎么做？”

“艾诺玛伊！神呐，你的脑子难道是被普鲁托的铁钩勾走了吗？”

“我们的领袖，看呐，你又开始说教了！你敢不敢告诉大家，当着大伙儿的面，告诉大家，你的目标根本不是罗马，甚至不是意大利，而是其他地方？你敢不敢告诉大家，一个叫作赖拉的罗马使者，给你开出了只要投降，就能坐上罗马总督的宝座这件事情！”

艾诺玛伊这一吼，一下子把所有的起义军战士们都给惊住了。所有人都齐刷刷地望向斯巴达克斯，接着又都互相看来看去。

“艾诺玛伊！我命令你退下，你今天的行为，足以让我将你立刻军法处置了！”

“哈哈！大叛徒斯巴达克斯！怯懦的斯巴达克斯！我艾诺玛伊绝不向罗马低头，更绝不向所谓的富贵苟且的生活低头！”艾诺玛伊大步走上前台，深吸一口气，用洪钟般的声音高呼道：“来啊！我日耳曼的兄弟们，来啊我向往自由的兄弟们！来啊我期待着推翻罗马的兄弟们！来啊不愿意背叛彼此的兄弟们！请聚集到我的身旁！”接着，艾诺玛伊狠狠地指向斯巴达克斯，“让这个怯懦的叛徒知道，我们之中的绝大多数还是有骨气的！”

“够了！”斯巴达克斯也发出了一声怒吼，“将艾诺玛伊给我带下去关起来！”

一部分斯巴达克斯的亲兵站了起来走向艾诺玛伊，但更多的日耳曼人却循声聚拢到了艾诺玛伊身旁。而以阿尔托利克斯、克利克萨斯为首的高级军官们却全都不知所措。他们是相信斯巴达克斯的，但对一路并肩作战，甚至是起义军最锋利的最值得信任的剑刃，艾诺玛伊，他们更加不知如何是好。

这场混乱愈演愈烈，以至于斯巴达克斯的亲兵竟然和艾诺玛伊的日耳曼军团大打出手。眼看起义军的内战即将形成，英明的斯巴达克斯不得不在此刻做出了一个正确却沉痛的选择。

他用他那双浑然有力的大手将两拨人硬生生分了开来，然后用尽身体里所有的能量大喊道："静一静！听我说！"

人群终于渐渐安分了下来，不管是支持艾诺玛伊还是斯巴达克斯，他们都停止了争斗。

"艾诺玛伊！不会是别的，一定是复仇女神在借你的嘴巴说话。是的，是的，我对这一点毫不怀疑……艾诺玛伊，我的同志，你曾经和我一起经历过种种危险，从罗马赶到加普亚，像你这样从起义开始就与我一起经受恐惧与欢乐的老伙伴，是不会说出像你今天所说的话来的。我不明白……我不懂得……也许，你和我都是某一可怕的阴谋的牺牲品，这根阴谋的黑线一定可以通到罗马人的手里，只是我不知道它是怎样钻进我们营垒来的……但这是无关紧要的。如果不是你，如果不是一向跟我像兄弟一般亲爱的你，而是另一个人胆敢说出你刚才说过的话，他早已活不成了……但是现在，你走吧……抛弃你的弟兄们的事业和你的旗帜吧……在这儿，在你的弟兄们的面前，我对我父亲的骨灰、我母亲的遗爱、我妹妹的生命和天上与地狱中的一切神灵发誓，我并没有用任何你所妄加在我身上的卑劣行为玷污我自己。你所说的许多话我甚至一点儿也不明白。如果作为你们兄弟和领袖的我，有过虽然是片刻的、虽然是极细微的违背自己职责的地方，那就让朱庇特的雷火把我烧成飞灰，让我的名字被一代又一代的后人咒骂直到千万代，让我的名字打上不可磨灭的可耻的叛徒的烙印，让它受到万世咒骂的重压，让我的名字比杀兄的提耶思特斯、杀子的美狄亚和卑劣的陀伦的名字更卑贱好了！”

艾诺玛伊和他的两个军团在沉默地听完这番话后，头也不回地离去了。众人都十分哀伤，谁也不曾想，一场庆功宴竟然落得如此下场。

在这一大片压抑到令人窒息的悲伤中，斯巴达克斯的神经却并未被麻痹。他在经过对日耳曼军团仔细的观察中敏锐地发现了一个他不认识的娇小的身躯，一直黏在艾诺玛伊的身旁。

斯巴达克斯赶忙拉过一个传令官问道：“那个人是谁？”

“回大元帅，那是艾诺玛伊在二十天前收编的一个从罗马逃出来的希腊女奴隶。”

“啊？！”脑中一阵霹雷闪过，斯巴达克斯什么都明白了。“克利克萨斯，追上去，快追上去，让艾诺玛伊回头！我们中计了！”几秒钟后，斯巴达克斯又补上了一句，“带上两个军团，追上去！就算动用武力，也必须把他们追回来！”

就在此时，另一个传令官来报，罗马人的大军突然出现，从旗帜上来看，又是由执行官亲自领兵的。

“该死的罗马人！我早该知道，我早就应该知道的！”斯巴达克斯愤怒至极，不过很快，他就尽力冷静了下来。经过一系列快速而精细的计算，斯巴达克斯掏出怀里的匕首，插在了地图上的一点，卡梅陵。

“我的弟兄们，打起精神来！就让克利克萨斯去追回艾诺玛伊，我们现在就拔营启程去到这里，给罗马人挖一个集体公墓吧！”

执行官伦杜鲁斯是个骄傲的人，一个充满了拉丁民族的傲慢和妄自尊大的贵族。不仅如此，相比卢古鲁斯来说，他简直就是个自以为是的军事白痴。在他看来，之前罗马的一系列战败，不是因为斯巴达克斯有多么的狡诈聪慧，而是那些个统帅是多么的愚蠢无知。

所以当执行官普勃利克拉向他表示需要得到帮助的时候，他是那样不以为然且狠狠地指责了海利乌斯在开战以来的一系列怯懦避战行为。当然，普勃利克拉是不以为然的，他甚至夸赞伦杜鲁斯，为了罗马所有的荣耀，一定要大败斯巴达克斯。

因此，当伦杜鲁斯在几座丘岗的斜坡上占领了有利的阵地以后，就在他的队伍前面发表了一通大言不惭、激励士气的热烈演说。斯巴达克斯的耐心并没有等到他那啰里啰唆的夸夸其谈结束后才发动冲锋。

突然出现的起义军把罗马军团吓着了，在他们所得知的高高在上的执行官大人的剧本里，这个时候，起义军应该还乖乖地待在毕维尔纳呢，怎么会突然出现在了卡梅陵？

伦杜鲁斯败得比之前任何一个讨伐斯巴达克斯的统帅都要凄惨，他的罗马军团几乎不作抵抗就开始四散奔逃，溃败而去。

在击溃罗马人后，起义军高呼着斯巴达克斯的名字，因为他们再一次地战胜了罗马的执行官。但这一次，斯巴达克斯的脸上却没有任何战胜的喜悦。

他甚至亲自走上大战后的战场，不断地翻检着罗马人留下的战利品。终于，他发现，这次带队的罗马统帅的名字是伦杜鲁斯。

一阵惊慌终于是从他心中升起。卢古鲁斯已经回罗马去了，伦杜鲁斯是才出来的，除去他二人外，应该还剩下一个执行官。

一个自出征以后，从来没露过面的执行官。

执行官海利乌斯·普勃利克拉……此时，斯巴达克斯刚好看见克利克萨斯回来了。他忽然想到了什么，疯狂地跑向克利克萨斯。

克利克萨斯的小腿中了一箭，尽管如此，他还是挣扎着坐起身来迎接他的领袖。

“艾诺玛伊呢？你的伤是怎么回事？”

“艾诺玛伊被不知名的仇恨蒙蔽了双眼，他甚至疯狂地朝我们射箭。我根本没有任何和他喊话的机会。”

“他们去往哪里了？”

“他们往阿平宁山去了。”

“那拿地图给我！”斯巴达克斯急切地摊开地图开始寻找起来，“阿平宁山……罗马……那个方向是……阿奴西亚！天呐！”斯巴达克斯恍然大悟，他一跃跳上战马，召集全军，不做任何休整，立刻前往阿奴西亚。

一切正如斯巴达克斯所料，艾诺玛伊的行进方向正是阿奴西亚。爱芙姬琵达在这一路上紧紧地缠住艾诺玛伊，不断地称赞他才是起义军真正的英雄，并赞叹他直接挑战罗马的勇气。

被美艳和欲望所迷惑的艾诺玛伊完全没察觉到，自己已经跌到了一个万劫不复的陷阱中。

在阿奴西亚，一路只为躲避克利克萨斯追击而不断急行军的艾诺玛伊，终于在第二个黑夜前，筋疲力尽地赶到了阿奴西亚。而早就埋伏在这里的执行官海利乌斯·普勃利克拉则突然率领四个罗马军团同时杀出，彻底包围了艾诺玛伊的两个日耳曼人军团。

漫天的石头箭雨直接将士气低落且筋疲力尽的日耳曼军团淹没了。咆哮着的艾诺玛伊，宛如一头被囚笼锁住的雄狮，他拼命地挥舞短剑，一边高喊着爱芙姬琵达的名字，一边咒骂着罗马人。

强壮如巨人的艾诺玛伊，在连续击杀两个罗马军的统领后，终于冷不丁地，他被一把短剑从背后刺穿了胸膛。惊怒交加的艾诺玛伊转身才发现，短剑的主人竟然就是他所深爱的爱芙姬琵达。

艾诺玛伊咆哮着想把这个美艳的女人撕碎，但随之而来的十几把投枪，却将这雄狮钉死在了原地。

两个日耳曼军团，共计一万人，连同艾诺玛伊，全部战死在了这里。

由于伦杜鲁斯执行官过分的白痴，斯巴达克斯绝对的英明以及艾诺玛伊和他那两个日耳曼军团超乎寻常的英勇，在罗马人刚大胜后，也开始进入筋疲力尽的时刻，斯巴达克斯终于赶到了。

望着漫山遍野的尸体，还有那宛如图腾般伫立着被钉死的艾诺玛伊，早已累得两腿发颤的远道而来的起义军援军们，再一次爆发出了惊人的力量，他们咆哮着，拖着过度劳累但依旧充满力量的四肢，冲向执行官海利乌斯·普勃利克拉率领的罗马军团。

罗马人根本无暇应战，他们根本没有想到斯巴达克斯会这样快速地意识到自己主帅的精妙布局。他们一个个仓皇地爬起身，四散奔逃。这一次，斯巴达克斯没有任何怜悯，他命令骑兵队长鲍尔托里科斯派出骑兵，一股股地把罗马人追上歼灭。

只可惜执行官普勃利克拉早就跑得不见踪影了，直到第二天日落前，起义军才再次聚拢回了阿奴西亚。

斯巴达克斯亲自为艾诺玛伊举行了葬礼，并亲自为他涂抹香油，合上双眼。

葬礼结束后，起义军们终于都累倒了。这几日的一系列变故让所有人的神经和肉体都不得放松，大家纷纷带着对失去的同伴的悲痛以及对未来的担忧，缓缓入睡。

“大元帅……”

“说吧。”

“有一位自称是……希腊……女人，要见您。”

“噌”的一声，斯巴达克斯拔出了短剑，狠狠向身后刺去。剑锋落到了一个穿着斗篷戴着兜帽的娇小的人儿肩上。

“斯巴达克斯？你还好吗？……不记得我了？”女人摘下了兜帽。

“范莱丽雅！”

共和国人物故事卷：

苦涩之择

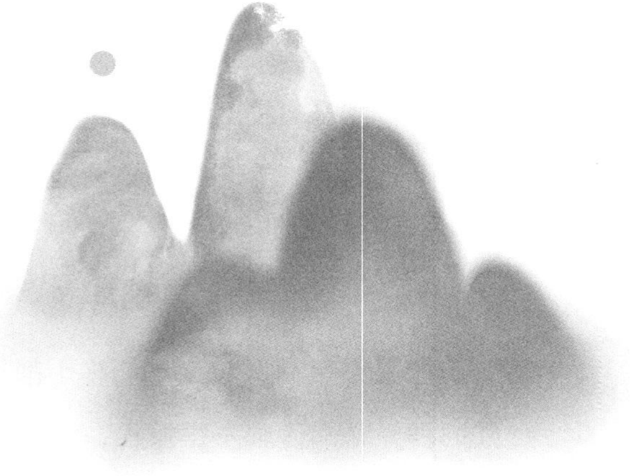

罗马纪元681年12月19日，伟大的奎林神之子，罗马的公民与平民们，开始了热闹的狂欢和庆祝。欢乐的人潮在街道上涌来涌去。他们挤满了大议场、神庙、贸易堂、大街、酒店、旅馆、小客栈和小酒店，纵情地沉浸在最无节制、最放肆的狂欢之中。

那是为期三天的谷神节，祭祀并庆祝谷神萨杜尔纳斯的节日。有人说，根据它那古老的风俗来看，这个节日还是在阿鲍利金人的统治者雅纳斯王之前产生的，也就是在罗马建城以前就有了。也有人说，那还是在神话里的赫克里斯为毕拉斯吉人做出英勇贡献后，为纪念赫克里斯而出现的。后来还有一种说法，那是在杜里乌斯·荷斯季里乌斯王的时代产生的，是那位国王在顺利征服了阿尔巴人和萨宾纳人以后创立的。

无论如何，在谷神节期间，甚至连奴隶们都可以获得某些自由的权利。他们可以和自由的平民们，甚至公民们混杂在一起，不管那些公民是元老、是骑士、还是平民，也不管他们是男、是女、是老、是少，他们可以公开地与别的阶级的人坐在一张桌子旁。因此，在这三天之中，奴隶们总是尽情地寻欢作乐。

虽然谷神节的起源已经古老到无从可查，但这个节日在罗马的一切规矩却是两位罗马的执行官，奥洛姆斯·赛姆普朗尼乌斯·阿特拉季诺斯和玛尔古斯·米诺齐乌斯·阿古利奥一起规定下来的，他们在罗马纪元257年，在那条由大议场通向卡庇托尔区的街道上，紧靠着卡庇托尔山的山脚，建立了一座萨杜尔纳斯神庙，并在那里，第一次正规地举行了祭祀谷神的仪式，而这一天起，罗马便有了正式的谷神节。

奉祀谷神萨杜尔纳斯的节日，本来是农民和牧人的节日；但是，奴隶们所获得的接连三天狂欢，常常会转化为暴淫的酒宴。这短暂而荒谬的自由，常常使他们想起了神话里的萨杜尔纳斯的“黄金时代”。传说，那是没有奴隶制的幸福时代，在那一时代中，所有的人都是自由而平等的。

想象一下这高大巍峨的罗马城吧！它的城墙在那遥远的古代就有十二千米以上长，共有二十三道城门。城里点缀着雄伟的神庙、富丽的宫殿、典雅的拱廊和华美的贸易堂。请想象一下，这一共和国首都公民的数目，根据角斗士起义前十一年卢齐乌斯·科尔内利乌斯·钦纳第三次执政、巴比利乌斯·卡尔波第一次执政的那一年的记载，共达四十六万三千人，除此之外这儿还住着两百万以上的奴隶。请想象一下，在谷神节的时候，除了城中无数的居民和奴隶之外，附近那些土地肥沃的乡村中的居民以及邻近城市的居民，也都成千成万地涌到城里来参加这一狂欢的谷神节。请你自己想象一下，这三百万左右浸透了狂欢情绪的人，在街道上涌来涌去，好像中魔一般地高叫着：“快乐的谷神节万岁！快乐的谷神节万岁！”

有一位流浪的耍把戏艺人，沿着通向普莱涅斯特的执政官大道向罗马走来，穿过了埃斯克维林门，与那些歇斯底里、狂呼欢庆的人群，一起涌进了城。

这个耍把戏的流浪艺人，是一个英俊的金发小伙子。他的身体显得强壮、灵活而又敏捷。他的脸比较消瘦，但是脸上那对淡蓝色的机灵的眼睛却在炯炯发光。他身上穿着一套灰色的粗毛短衣，外面披着一件皮罩袍，头上戴着一顶毡帽。手里牵着一只狗，左肩上面坐着一只小小的猴子。他的背上是一架小小的折梯、几串绳子和几个大小不同的铁箍。

一句话，他具有一副吸引人的和蔼可亲的外表，让人一下子就会喜欢上他，但那周身上下隐隐散发出的熠熠神气，又让人不可能完全接近他。

整个罗马城里，就好像是一个极大的蜂巢，到处都是蜂群的嗡嗡声。这就是笼罩着这座伟大城市中心区的纵情狂欢的回响。耍把戏的流浪艺人愈往前走，就愈深入到那由许多弯曲的街道构成的迷宫一般的埃斯克维林区的中心，那遥远的轰响就变得愈来愈清楚、愈来愈响亮。

“快乐的谷神节万岁！快乐的谷神节万岁！”

当他来到卡陵纳斯街上的时候，街道上突然出现了一大队五光十色的人群。走在队伍前面的是一队歌手和弹七弦琴的琴师。他们像中魔一般地跳着舞，齐声放开喉咙唱着赞美谷神萨杜尔纳斯的颂歌。人群中也有好多人同样地跳着、唱着。在这五光十色的人群中竟然夹杂着整个共和国各个阶级的人物：穿紫边短衣的骑士、被剥夺权利的穿着灰色短衣的贫民、披着雪白长袍的贵妇人，还有穿红色无袖短衣的奴隶。

这个耍把戏的人只好退到一边紧贴着墙，让这支疯狂地呼喊着前进的乱七八糟的队伍走过去。他竭尽一切努力不让自己引起人家的注意。他藏起了足以暴露他的身份的猴子、小折梯和铁箍：他一点也不愿意对这些疯狂的人表演他的艺术，阻碍他的路程。

但是，他的愿望并没有实现。人群中有好些人看到了他，立刻认出他是一个耍把戏的人。他们发出一阵高声的呼喊，要求前面的人停下来，而且叫喊的人自己也停了下来。就这样，队伍后面的人也被迫停下来了。

“变戏法的人万岁！变戏法的人万岁！”所有的人都轰然响应。

“把你的戏法变出来吧！”一个人尖叫道。

“你得尊重谷神萨杜尔纳斯啊！”另一个人叫道。

“哈，让我们瞧瞧，你那只小猴子能够耍些什么把戏！”第三个人叫道。

“让那只狗跳一阵子舞吧！”

“不，猴子！猴子！”

“狗！狗！”

“扩大圈子，快扩大圈子！”

“快让地方给他！”

“快绕成一圈呀！”

“让开！让开！”

周围的人高声叫喊着，要求大家向后退让，给耍把戏的人腾出空地方来；但结果反而发生了拥挤和倾轧。每个人都想挤到前面来。弄得耍把戏的流浪艺人，反而完全被别人挤到墙跟前去了。

那些靠近他的人，开始劝说和奉承他，热烈地要求他耍把戏给大家看。

“不要怕，可怜的人！”

“你会赚到很多钱的！”

“我们会丢给你满满一帽子的台伦齐乌司！”

“我们要用最好的玛西古斯葡萄酒款待你！”

“多机灵的猴子啊！”

“那只花狗呢！多漂亮的伊庇鲁斯种花狗呀！”

有些人在抚弄花狗，另一些人在抚弄猴子，更有摸摸小梯子、碰碰绳子和铁箍的人，他们纷纷发出最稀奇的揣测和建议。终于，耍把戏的流浪艺人只得说：“好吧，好吧，我为你们表演一下吧！我和我那两位艺人，要努力做到尊崇谷神萨杜尔纳斯，同时满足大家的要求。但是为了做到这一点，可敬的奎林神之子，请让给我一片空地。”

“对啊！”

“他说得不错！”

“对啊，对啊！”

“请大家把圈子让得大些！”

“请大家朝后面退！”

“退啊！”

但是，那些人只是在那儿高叫，事实上谁也没有动一动。

突然有一个人大声道：

“让他和我们一起到卡陵纳斯祠堂前面的广场上去吧！”

“对啊，对啊，到卡陵纳斯祠堂前面去！”起先是十来个人，接着是二十来个人，最后是一百多个人的声音叫道。

“到卡陵纳斯祠堂前面去！到卡陵纳斯祠堂前面去！”

但是，大家虽然迫切地表示愿意到卡陵纳斯祠堂前面的广场上去，却没有一个人动一动。直到最后，站在耍把戏的人身边的那部分观众，努力划动两肘，毫不回头地向卡陵纳斯祠堂那面走去，这才使其余的人一起跟着他们向前移动。

由于这一变化，原来在末尾的人现在处在队伍前面，而原来在前面领队的歌手和琴师反而落在大家后面了。但这一变换丝毫不能影响他们歌唱和演奏赞美谷神萨杜尔纳斯的歌曲的热情。成千人的复唱句，在每一节歌词后面轰然爆发：

“快乐的谷神节万岁！”

队伍的声势愈来愈浩大了。沿路碰到的人都加入了这一行列。队伍很快来到了一个开阔的广场上，那儿矗立着划分全城住民的三十个大氏族中的第三大氏族卡陵纳斯族的祠堂。人群从四面八方涌入这个广场，活像好多股汹涌的湍流一般。这不能不使原先来到广场上的人感到很大的不安，因为他们早已占据了那些匆匆搭成的三榻餐桌旁的所有座位：他们准备在那儿痛痛快快地饱啖和痛饮种种美味的食物和醇厚的葡萄酒，不断地开玩笑，对各种有趣的景象发出疯狂的呼喊和大笑。

起先，广场上引起了一阵骚动，传来了一阵阵纷乱的诅咒、威吓和责骂的闹声。同时在这些责骂声中也夹杂着许多规劝和要求别人安静下来的呼声。最后，传来了消息，说是一个耍把戏的人要在这个广场上表演。这使大家高兴得不得了，挤轧又开始了。大家都想挤到围在广场中心的那个人圈最前面的行列中去。好奇的观众纷纷踮起了脚尖。有的爬上了凳子，有的爬上了桌子和台阶，有的甚至爬到附近房子底层保护窗子的铁栅上去。一会儿，整个广场变得鸦雀无声，所有的人都紧张地等待着。他们的眼光都集中到准备表演的耍把戏的流浪艺人身上去了。

此时，一位骑士阶级的观众从人群中走了出来，他向耍把戏的流浪艺人伸出手说："把你的帽子给我，我去替你收集赏钱，即使不是为你，为了你那两只出色的畜生也值得辛苦一趟。"

耍把戏的流浪艺人拿下了毡帽，把它交给那个骑士。那个客人自己首先在帽子里放了好几个塞斯太尔司，然后开始绕着圈子收钱；无数阿司、塞米司和台伦齐乌司就乱纷纷地飞到耍把戏的人的毡帽中来了。

"好嘞！金币到位了，那么演出，开始！"骑士向着周围一个夸张的鞠躬，退回到了人群中。

"快乐的谷神节万岁！"

"快乐的谷神节万岁！"

在这一声高过一声的呼喊中，耍把戏的流浪艺人的表演开始了。

前线，阿奴西亚血战后数日。

起义军在斯古尔顿纳河畔的平原上列成了方阵，他们奉大元帅斯巴达克斯之令在这儿集合。在经过了艾诺玛伊的分裂并导致了整整两个日耳曼军团全数覆灭这样的重创后，斯巴达克斯决定在此严肃开会，决定是要渡过巴德斯河回到各自的祖国，还是回过头来向罗马进军。

斯巴达克斯热烈地演说着，他向起义军们生动地描绘第一种主张的利益和优点以及实现第二种主张的不可避免的毁灭的后果。他提起自己对被压迫者的神圣事业的功绩，他为了这一事业已经奋不顾身地苦斗了十年。但是斯巴达克斯提起这一点并不是由于虚荣，而是为了更好地说服他那些不幸的弟兄们和共患难共欢乐共胜利的战友们。他想说服他们：如果他主张离开意大利，那只是因为这一个国家将要成为角斗士大军的坟墓；正如它在过去成为勃伦纳斯的高卢人、皮洛士的希腊人、迦太基人、条顿人、森布里人以及别的许多侵入它的国土，想在它的国土内征服它的许多异族的坟墓一般。斯巴达克斯发出庄严的誓言说，角斗士们的幸福不论是过去还是现在都迫着他为这一计划辩护：但现在可以让大家自己决定，他准备服从大多数人的意见。不论他是个军事指挥官也好，普通的战士也好，他将永远与同志们一起并肩作战，而且以此为幸福，如果命运注定他要灭亡，他也甘愿和他们死在一起。

轰雷一般的掌声回应给斯巴达克斯精彩而热烈的演说。但是，起义军们所感动的，不是斯巴达克斯英明的决策和智慧的判断，而是为他们自己这两年来对罗马人接连获得的好多次光辉的胜利而感动。这使他们产生了粗率的过分自信的情绪；还有好些奴隶，虽然在他们内心深处对色雷斯人是忠心耿耿的，但常常反对他在军队中建立的铁的纪律，因为纪律不允许偷盗和劫掠。不满和怨言产生了。起先只是很少几个人，而且是秘密的，但渐渐地，它们像瘟疫一般蔓延开去，一直深入到各军团的战士群众中去了。

日耳曼军团被敌人歼灭的教训，不但没有使其余的军团清醒过来，反而激起了好些人进军罗马的愿望。一部分人想为死难的日耳曼弟兄复仇，另一部分人却渴望着劫掠，因为那会给他们带来丰富的财物。最后，还有一大部分人认为这一进军罗马的计划曾经是大家爱戴的艾诺玛伊和他的日耳曼军团所拥护，而且为之牺牲生命的计划，赞成这一计划就可以表示对他的敬爱，进军罗马不但会使他的灵魂感到欢悦，而且也是可贵的纪念他的实际行动。

第十军团的指挥官凯乌斯·康尼克斯，是这些执“进军罗马”观点的起义军战士们的领导人，是他利用了各军团中战士们的沸腾欲望和刹那间的热情，煽动他们，为自己达成一些深埋心底的欲望。康尼克斯在卖身为角斗士之前，常常在大议场逛荡，结交五花八门的朋友，因此他能言善辩，往往能说得使人信以为真。现在他在斯巴达克斯演说之后出来向大家说话。他为了避免别人怀疑他对色雷斯人怀有恶意而削弱他的话语的作用，一开始就故意赞扬斯巴达克斯的远见和勇敢，可是接着他就开始有声有色地描绘罗马人的悲惨情况，说明他们在目前的局势下，对这支七万名英勇的执剑战士组成的可怕的起义大军，不可能进行有效的抵抗，他号召各军团的战士们赶紧进军占领罗马，不要放过这一千载难逢的有利时机。最后，他建议被压迫者的大军明天就全部出发向第伯尔河前进。

“上罗马去！上罗马去！”康尼克斯结束他的演说后，五万人的吼叫就像滚动的雷声一般爆发了出来。

“上罗马去！上罗马去！”

令人难以想象，会场上竟然一下子有七个军团，超过五万人支持了康尼克斯的建议，剩下的，只有骑兵军团和其余不到两万人，表示拥护斯巴达克斯的建议。

“进军，罗马！”

“进军，罗马！”

“进军，罗马！”

铺天盖地的呼喊声宛如一场巨大的阴霾将斯巴达克斯包围，他对这出乎意料的表决结果感到无限的悲哀和伤感。这摧毁了他的全部计划。这一刻，斯巴达克斯仿佛回到了他带领队伍占领的第一个城市，瑙拉。他仿佛看见了那一年那一天，无数的火光，贪婪的劫掠，无尽的仇恨和抱负。从那一天起，斯巴达克斯就深刻地明白，这样的队伍，不但不能使他们接近推翻罗马暴虐统治的起义目标，反而使他们远远地离开了它。

所以，他才要不断地训练他的战士们，训练起义军，灌输给他们铁一样的纪律、高尚如罗马贵族的品德、战争的智慧以及坚定高洁的信仰。

他要带领他们不断地胜利，战胜一个又一个的罗马将军，甚至是执行官。他要让这凯旋之歌、自由的意志、光明的信念传到世界的每一个角落。他要在大胜之后，带着光明的火种，穿过执行官大道，渡过巴德斯大河，翻过阿尔卑斯山脉。

他要让这火种变成熊熊烈焰，让所有的民族团结起来，将这可怜的、黑暗的、充满剥削的罗马奴隶制度，彻底烧成灰烬！

可是，这一切都在此刻被摧毁了。

斯巴达克斯阴沉而又抑郁地默默站了好久，最后抬起头来，把他惨白的脸转向默不作声站在一旁、震惊的程度不亚于他的克利克萨斯和葛拉尼克斯。

“啊，我对奥林匹斯山上所有的神发誓，”他苦笑着说，“我为了全体角斗士弟兄们遭受了这么多的困难、危险、焦虑和考验，结果只在他们中间争取到这么一小部分拥护我的人！说真的，如果不是责任感和良心控制了我的意志，我现在真该为拒绝卢古鲁斯执行官的建议而感到后悔呢！好啊……真好啊！我对赫克里斯起誓！战士们，我的兄弟们，我们虽然在此刻获得了一系列的胜利，但是，这就好像一个孤零零的战士，将巨石投向泰坦盖亚。我们只不过粉碎了盖亚身上的一小撮山峰，但盖亚却拥有整片大地！我们只有带着这两年接连不断的凯旋之音，带着我们用鲜血和牺牲磨炼出来的智慧和品质，回到我们各自的故乡，唤起更多更大更热烈的起义，去包围罗马，去反对他。要打倒盖亚，一座山峰是远远不够的，我们需要的是成群的山脉、海洋，甚至整片大地的力量啊！”

这一次，没有人说话，也没有人鼓掌。大会场上，八万起义军们默不作声。克利克萨斯和葛拉尼克斯痛苦地闭上了眼睛。

斯巴达克斯轻轻地摇了摇头，又陷入沉思之中，接着，他突然惊醒过来，他的眼睛里再次充满了火焰与光芒，扫射过每一个等待着会议结果的起义军战士们，然后大声说：

“就这样吧，让我们彻底砸断这可耻的镣铐，让我们彻底推倒那高耸的城墙，让我们的火焰在元老院的上空盘旋燃烧吧！进军，罗马！”

“斯巴达克斯大元帅！斯巴达克斯大元帅！斯巴达克斯大元帅！”被压抑了太久的震天巨吼在此刻如同火山爆发一般冲了出来，连带着理智的克利克萨斯也跟随着人群一同高呼。

“斯巴达克斯大元帅，进军，罗马！”

……

耍把戏的流浪艺人终于结束了表演，开始收拾起自己的家伙什。在折腾了好几个小时后，得到了满足的罗马人们，终于是放过了他，开始追随另一群小丑的表演去了。这也让这个金头发的耍把戏流浪艺人，可以回到自己的旅程中来。

他穿过拥挤的斗技场大道，借着夜色，一路悄悄逆行，来到了一座罗马贵族的府邸前。

他上去敲门，管家打开门一看，是个耍把戏的流浪艺人，当即就丢了几个铜币到地上，让他赶紧走人。接着，管家转过身子，背朝着耍把戏的人，准备走了。

“等等！”耍把戏的流浪艺人立刻走上两步，悄悄贴着管家说，“那么如果我是从杜斯古尔山那边来的、而且是奉着阿芙莱丽雅·奥莱斯季拉的命令来找您的主人，卡提林纳呢？”

管家停下来了，他转过身子低声说：“啊哈……原来你来了！”

接着，他露出狡猾的笑容说：“我明白……耍把戏的职业并不妨碍你担任生翅膀的众神的使者……啊哈！我明白了。”

“您老真是好眼力！哎，有什么办法呢，我也只是尽我的能力罢了。”

“那有什么，我毫无责备他的意见，”管家说，过了一会儿又添上一句，“如果你想看到卡提林纳老爷，你得下山到大议场去……你大概可以在那儿找到他。”

管家说完就走了。

可耍把戏的艺人却不得不又摆脱一群新的、不断奉承和赞美他的观众，下了帕拉丁山。他在那几条挤满了人的街道上尽一切可能迅速地前进，一直走到大议场上。但是这儿，可想而知，挤轧和喧闹的程度比城中任何一个区域都要更厉害。

终于，耍把戏的流浪艺人在扒开一层又一层的，穿过一会儿围绕着他呼喊、一会儿逗他的狗和猴子的人群后，来到了他的目标，卡提林纳的身边。

卡提林纳正注视着眼前一群美丽的贞女出神。

“光明和自由。”耍把戏的艺人几乎是贴着卡提林纳的耳朵说的，并在他右手的掌心上点了三下。

卡提林纳猛地哆嗦了一下。他迅速转过身子，皱起眉毛，用他灰色的眼睛瞪着这个耍把戏的艺人，接着用严厉的几乎带着威胁的口气问道：“这是什么……是你？！”

“没错，是我，阿尔托利克斯，我从斯巴达克斯那儿来。”

“很好……你得紧靠着我直到离开谷神庙……然后，你远远地跟着我，一直等到我们走到一个荒僻的地方再碰头。”

就这样，两人分头又走了一个小时，来到了一个寂静又安全的树林里。

阿尔托利克斯按照斯巴达克斯的嘱咐，把他们的建议详细地告诉了卡提林纳。他生动、真实而且令人信服地形容了起义军的威力。他指出，如果卢齐乌斯·谢尔盖乌斯·卡提林纳能够担任他们的首领，这六万名久经战斗考验的角斗士将会大大增加勇气，而且起义大军的人数也会在很短时期内增加一倍。以这一切为基础，可以毫不夸大地说，他们有极大的把握取得一连串巨大的胜利，而且在一年之内卡提林纳就可以率领一支不可战胜的大军来到罗马的城门口。

卡提林纳一听到这番话两眼就充满了血。在他那富有表情的残忍的脸上，一条条肌肉顿时牵动起来了。他不时可怕地握起强有力的拳头，一阵阵满意的叹息，从他的胸中迸发出来，活像一头猛兽在咆哮。

“我们已经连续击败了三个来自罗马的执行官们。明日一早，卢古鲁斯、普勃利克拉还有伦杜鲁斯战败的讯息就会传到罗马。届时，连这场本该欢庆三日的盛会也必定会提前结束。”

阿尔托利克斯的话结束以后，卡提林纳已经激动到不能自已，他断断续续地说：

“你可打动了我的心……啊，小伙子……我真的，我不知道……我不愿向你隐瞒，对我这个罗马贵族来说……一想到我担任奴隶军队的统帅，我就感到厌恶……就算你们都很刚毅、勇敢……究竟都是造反的奴隶。但是，我一想到如果我能统率这样强大的军队，我就一定能够领导它走向胜利……因为我是为了干大事业而降生到世上的，但我从来没有可能得到某一省总督的职位，因此我没有机会完成伟大的事业，我觉得这想法……”

“不要让自己陶醉于这样的想法。不要让你的理智受到丝毫麻痹，使你忘记你是一个罗马人，而且生下来就是贵族。统治我们的豪门贵族必须用自由人的手和罗马的武器加以消灭，决不能仰赖野蛮人和奴隶的罪恶的援助！”突然，一个身材魁梧、气派尊贵、神情骄傲的人从林子里显现了出来。

“苏勒！”卡提林纳惊诧地叫道，“你怎么在这儿？”

“我是跟着你来的，因为我发现这个可疑的人仿佛在跟踪你。我曾经不上一次地对你预言过，命运之神指定三个科尔内利乌斯统治罗马。科尔内利乌斯·钦纳和科尔内利乌斯·苏拉是其中的两个，你就是第三个统治罗马的人。因此我要阻止你犯错误，任何似是而非的步骤，不但不会使你接近这一目标，反而会使你离它更远。”被卡提林纳称作苏勒的人大步走上前来，他甚至看都不看一眼阿尔托利克斯，“我认为，如果你接受了斯巴达克斯的建议，不仅会招来我们拉丁族人民的厌恶和全体意大利人的诅咒，同时也不能为罗马和我们这批被剥夺了财富和权利的负债贵族造福；这只是对这些野蛮人，对这些罗马人民的敌人有利。如果他们在我们和我们朋友的影响和帮助之下统治了罗马，难道你认为他们还会服从任何法律，我们还能有什么办法控制他们？难道你认为他们会把管理和统治国家的大权交给我们？每一个罗马公民在他们的眼中都是他们的敌人，他们会使我们陷入屠戮和暗杀的混乱局面。但是，你得明白，按照我们这批心地纯洁的人的计划。是的，我们是只准备消灭一小撮豪门贵族，以此来提高我们的地位。但我们不能忘记，我们本身也是贵族，更是罗马的贵族。所有的这一切，都必须依靠我们自己来解决，身为罗马的贵族，怎么可以依附可耻的奴隶的建议，以及他们只被允许互相屠戮的刀刃呢？”

苏勒说话的态度坚决而又镇静，极其激动的卡提林纳终于渐渐地平静了。他的每一个反应都显示出他的热情在迅速地消退。在结束了最后几次喘息后，卡提林纳长叹了一声，说：“你的逻辑太厉害了，好像一把磨得极其锋利的西班牙短剑。”

阿尔托利克斯正想对苏勒说话，苏勒却做了一个命令式的手势，坚决地说：“走吧，回到斯巴达克斯那儿去吧。你可以告诉他，我们对你们的勇敢精神非常钦佩，但我们首先应该尽到罗马公民的责任。当我们的祖国遭到重大危险的威胁时，第伯尔河畔的一切纷争就会平息的。告诉他，叫他利用这一于他有利的时机，率领你们越过阿尔卑斯山，让你们回到各自的故乡去吧，继续在意大利境内进行战争会使你们遭到致命打击的。走吧，愿神保佑你一路平安。”接着，苏勒用手握拳比在左胸，“罗马，荣光永存！”

“罗马，荣光永存！”眼神本已经有些涣散的卡提林纳，在此刻也抖擞起了一些精神。

阿尔托利克斯没再多说什么，趁着月光和夜色，带着他的狗和猴子，影遁而去。远处传来了一阵阵马蹄声，骑士高举着的火把，在夜色里拖成一道红色的长线。

"紧急军报！紧急军报！紧急军报！"

……

斯巴达克斯坐在一块大石头上。他闭着眼睛，似乎是睡着了，但那结实如钢筋般鼓起的巨手，还有那即使闭着眼睛也依旧挺直的脊椎，让这世上任何的生灵都不敢靠近。

一双细嫩的胳膊环住了这位大战士的脖颈。

"范莱丽雅……我的女神，范莱丽雅。"

"是我。"

"我们就要去罗马了。"

"嗯。"

两人都沉默无语。范莱丽雅轻轻地抱住斯巴达克斯，将她的脸整个地贴在他的背上，也闭上了眼睛。

"暂时的胜利和眼前的金币蒙住了他们的眼睛。他们甚至觉得自己可以战胜罗马，他们甚至开始觉得罗马那不败的传说只是谣言，他们甚至开始幻想劫掠执行官大道，开始做起贪婪的大梦。诸神啊，快停下这可怕的噩梦吧！快让他们清醒过来吧，快让这噩梦醒过来吧！庞培、米达梯斯，还有那个令人敬畏的恺撒，如果我们进军罗马，如果我们再这样一直胜利下去，那么元老院，即便是放弃对外战争的胜利，也会把他们召回来。而那一刻，就将是一场我们再也无法挽回的悲剧了。"

再一次，沉默笼罩了过来。

"我好孤独。"

"是啊，就像它一样。"范莱丽雅指向了天上的那轮明月。

共和国人物故事卷：

什一格杀

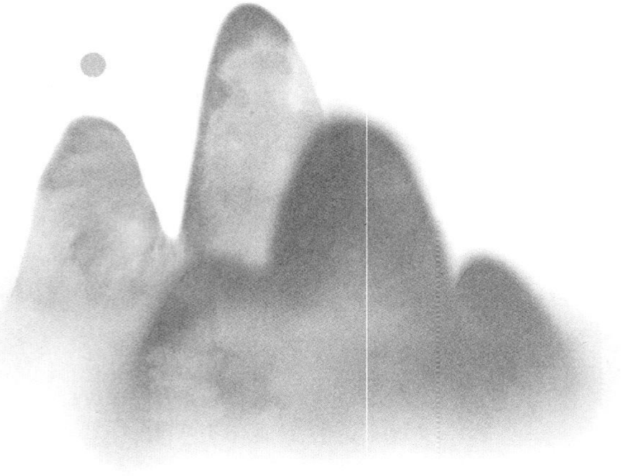

卢古鲁斯、伦杜鲁斯及普勃利克拉，三位执行官被击溃的消息已经传到了罗马。这在元老院和罗马居民们之中引起了巨大的恐慌，尤其是当起义军的军队决定进军罗马的消息传来时，所有的人都吓坏了。

在这样危急的情况下，元老院当即下达了只有在最紧急的情况下，才会使用的“约束令”。即在此非常时刻启用一系列不平常的法案，并暂时收回所有执行官的一切权力。

在“约束令”下颁布的首个法案就是，立刻终止谷神节的欢庆，罗马城及城郊还有执行官大道全部戒严。

“两位大将军，一位马上就要成为新任的执行官以及三位现任的执行官，都可耻地被斯巴达克斯迎头击溃了！”

“我们需要一位真正经验丰富的统帅，让他统率一支强大的军队，而且赋予他无限的大权，使他可以迅速地打败斯巴达克斯！我们、罗马，再也不能接受失败了！”

“这个大胆的起义军对他过去获得的好多次胜利还不满足，现在竟敢来威胁罗马的城墙了，简直是罪大恶极！罪大恶极！”

“诸位，我提议，局势既然已经发展到这么可耻的地步，发动全共和国的武装力量去讨伐起义军的时候已经到了。”

“不行，他们只是不值一提的奴隶，他们还配不上我们对他们发出倾国之力的战争，这是共和国的耻辱！我推荐新任西西里的总督，他曾在马略手中当过副将，让他去和斯巴达克斯战斗。”

“得了吧！这位总督在昨天得知将要面对斯巴达克斯时，他立刻就把自己在竞选执行官的名单里划掉了。众神啊，要结束这场战争，就必须调集全国最强大的指挥官来！在此，我举荐盖乌斯·尤利乌斯·恺撒！”

“我拒绝参与这一战争。因为这一战争的困难程度并不下于在阿非利加征讨马略派贵族陀米齐乌斯和雅尔巴王的战争（葛涅乌斯·庞培恰好就是由于阿非利加的战争获得了凯旋的荣誉）。我并不认为我有必胜的把握，但我倘若失败，这对于罗马和我，都将是一个糟糕的耻辱。”

“恺撒，你……”

“那就我去吧！”一个阴沉浑厚的声音响起，所有人都把目光投向了一位四十岁、披着白色的宽袍的中年人。

“玛尔古斯·里齐尼乌斯·克拉苏？！”

“我为自己提名为西西里总督候选人。”

“克拉苏，你要想清楚了，你可不是因为一些惶恐不安想要推脱责任的元老和你手下无数门客的怂恿和劝说，才冲动地做出这个决定的。”

“或者说，你感到你目前的财富和势力在罗马已经不能再使你满足了，你想像庞培一样获得胜利桂冠，是这样的吗克拉苏？”

“我曾在伟大苏拉的麾下打过好几年仗，首先是内战，然后在叛乱、在那些战事中我的顽强、英勇和智慧以及统帅才能，是在座的诸位有目共睹的。每一位罗马的公民，每一位坐在这里的，在外面眺望的，急切地等待着结果的罗马人，都想获得胜利的桂冠。这，才是我们罗马，能保证长存的基石。不错，我是想获得胜利的桂冠，如同庞培，更多的是如同已故的亲爱的苏拉一样，将我们的敌人，全部粉碎！而绝不像某些人，由他来领导战争，就只能是使他在胜利以后能够获得凯旋荣誉，并使其铺下踏上执行官职宝座的阶梯！我，玛尔古斯·里齐尼乌斯·克拉苏，此世为罗马而生，愿带兵出征，迎战斯巴达克斯！”

说完，克拉苏当即在大议场披上了总督候选人的宽袍，全场的公民立刻发出一阵经久不息的掌声来欢迎他。这阵掌声表现了他们在这骚乱而又恐慌的时日中，对他无上的信任和极大的希望，那也就是把未来征讨起义军的军事行动的重大责任放在他的肩上了。

接着，护民官卢齐乌斯·阿克维里乌斯开始演说。他号召元老和公民们一致投克拉苏的票，因为在这一危急的局势中，征讨斯巴达克斯的统帅不可能有比克拉苏更好的人选。但是无论如何，护民官继续指出，必须尽可能保证克拉苏获得足够的武装力量，使他有可能结束这一持续了三年的可耻战争。

所有的人对阿克维里乌斯的演说都表示同意，接着克拉苏就在轰雷一般的掌声中当选为西西里总督。他具有征集六个军团和相当的辅助兵的权力，而且还可以收集和改编卢古鲁斯和普勃利克拉被打垮的军团的残余。这些残部经过改编以后又可以编成四个新的军团。这样一来，克拉苏就有了一支包括六万名正规兵士和两万四千名辅助兵的军队，总数共达八万四千人。这是一支战斗力极其强大的军队，这样的大军，自从苏拉与米特里达梯王作战后回到意大利以来还不曾有过。

克拉苏在当选以后的第二天出了一个布告，号召公民们武装起来，参加讨伐斯巴达克斯的战争。元老院也通过了一个特殊的决议案，过去马略与苏拉的老兵，如果愿意参加这次远征，元老院将予以崇高的褒奖。

元老院的决议和克拉苏的布告，使原来惶恐沮丧的罗马公民们振奋起来了。公民们的心被战斗的热情所燃烧，在最有名望的世家子弟之间引起了崇高的竞赛，开始争先恐后地赶到克拉苏那儿，要求他把他们登记为他的兵士。

克拉苏开始紧张地用全部精力从事编练军队的工作，他从全罗马最有名的军人中间——不管他们的社会地位如何——挑选了一批能干的副将和统领。就这样，他委任了普勃里乌斯·艾里乌斯·斯克罗发为副将。斯克罗发本是第伯尔近郊的一个地主。他是一个老兵，曾经参加过十一次战争，一百三十余次大小战斗。他身上有二十二个伤疤。他曾获得无数次褒奖和好多个桂冠，现在他正太太平平地住在家里。

克拉苏不惜屈尊亲自去拜访他，请求他参加这次一劳永逸地消灭起义军的战争。斯克罗发被克拉苏的拜访感动了，他很愿意答应在克拉苏的军队中担任副将。他抛弃了安宁的生活，离开了第伯尔近郊美丽的丘岗，跟着克拉苏来到了罗马。克拉苏在当选为西西里总督兼将军以后，过了两个星期就率领了四个由他从罗马和附近地区挑选出来的老兵组成的军团，从罗马出发到奥特利古尔去。奥特利古尔是艾奎人和乌姆勃尔人区域交界处的城市，克拉苏的一个代理人奥鲁斯·库米乌斯正在那儿征集和编练另外两个军团和辅助兵。

当克拉苏从罗马出发时，全城的公民都来欢送。他们一直把他送到拉杜曼门外的营垒里。克拉苏将军不但受到各阶层公民们的祝福，根据祭司们利用祭神牲畜的内脏占卜的结果，他本人和他的事业似乎也得到了所有罗马保护神的庇佑。

他的第一个军团有两个大队，其中有成千个精选的战士；这些年轻的小伙子都出身于富裕有名的贵族之家，他们甘愿以普通兵士的身份追随克拉苏出征。

就这样，克拉苏率领罗马再一次集结起来的庞大军团横过米里维乌斯桥，从法拉米尼乌斯大道来到卡西乌斯大道上，向巴庚那方面前进。克拉苏经过四天的行军，来到了奥特利古尔，并且在这儿扎了营。他决定在这儿训练他的军队，因为他相信在这儿可以保护罗马，并使罗马不致受到起义军军队的攻打，不论斯巴达克斯直接从乌姆勃里亚出发还是穿过毕赛恩人的地区都一样。

几乎整整一个月，克拉苏在奥特利古尔，斯巴达克斯在阿莱季亚都按兵不动。双方只是在准备作战。两人都在考虑新的计划、新的战略和新的捕捉敌人的陷阱。

双方你来我往，从情报、布阵、侦查到佯攻互相试探了十几次。虽然并未有任何的短兵相接，但其中的凶险变化，却是比之前的每次战斗都要惊险。

终于，斯巴达克斯抢到了先机，他在一个漆黑的暴风雨的夜晚命令自己的军队拔营出发，保持极度的肃静前进。他只留下了玛米里乌斯统率的七千名骑兵在营垒中，其余一千名骑兵就派到大军前面去进行侦察。他利用暴风雨整夜地行军，第二天又整天地向前行军，来到了伊古维亚，他想从那儿率领大军经过卡梅陵、阿斯古尔、苏里莫、富青湖和苏布拉克威直捣罗马。

留在阿莱季亚附近营垒中的骑兵，继续他们奔袭和侦察的工作。他们按照原来规定的计划，向附近的城市征集七万大军所必需的粮食，使惊恐万状的居民们相信起义军的大军仍旧驻扎在阿莱季亚附近。斯巴达克斯认为一定会有人把这情形报告克拉苏，这样就可以使这位将军陷入错误。

这时候斯巴达克斯已经用疲劳的行军方式沿着阿平宁山脉前进：他的军队每天至少要走四十到五十千米路。他们在穿过毕赛纳省以后又向罗马疾进，如果不是一桩偶发的变故使玛尔古斯·克拉苏发现了斯巴达克斯的战略计划，他们就会出人意料地在罗马城墙边出现。

起义军军队离开阿莱季亚之后的第四天，克拉苏相信敌人仍旧没有离开他们的营垒，他就想突然进攻敌人，经过这次决定性的战斗一下子结束战争。

他用最快的行军速度从奥特利古尔出发，有远见的克拉苏明白，对付斯巴达克斯必须以其人之道还治其人之身的办法。

很快，四天后，克拉苏就赶到了阿莱季亚营垒附近。玛米里乌斯得到了罗马大军迫近的消息，就按照起义军最高首领的命令，在半夜里率领着全部骑兵悄悄地从营垒中撤走了。当克拉苏的探子在第二天早晨到达起义者营垒的壕沟旁时，他们不得不相信斯巴达克斯的军队已经离开了营垒。

这消息使克拉苏大吃一惊，接着，他为了探取斯巴达克斯所选择的进军道路，就立刻派遣部下的骑兵从阿莱季亚出发，向周围五十千米地区内的所有道路进行侦察。

克拉苏很快就知道，当他逼近阿莱季亚时，起义军的骑兵就经过伊古维亚上卡梅陵去了，等到克拉苏急急忙忙来到伊古维亚时，探子又报告他，在几天之前斯巴达克斯和他的全部军队曾在这儿经过，现在已经径直朝着罗马而去了。于是，克拉苏以卓越的统帅所具有的远见想出了对策。因为斯巴达克斯是沿着阿平宁山东面的道路行军的，克拉苏就决定立刻循着阿平宁山西面的道路赶回罗马。这样一来，克拉苏与斯巴达克斯虽然都是在平行地前进，但是克拉苏的路线差不多是直线，因此他的行军就要比斯巴达克斯的短得多。克拉苏一次行军抵得上斯巴达克斯三次行军的路程，克拉苏就利用这一优势来夺回起义军军队在这之前所取得的时间与空间上的优势。

罗马军队以令人赞叹的热情进行了五天极其疲劳的行军，终于到达了莱埃特，克拉苏让大军在这儿休息了一天。

这时候，斯巴达克斯以极大的速度前进到达了富青湖附近的克里台尔纳。但是，不幸得很，他在这儿遇到了不曾预见的阻碍：由于滂沱大雨接连不断地下了好几天，维林纳斯河泛滥了。为了建造一座横跨河面的浮桥，他不得不停留两天，接着又花费了一天一夜的时间，让所有的军队过桥到达对岸。

这时候，克拉苏大胆地把一万名骑兵全都远远地派遣到营垒所在地以外的地区去。这样奢侈地派出重兵而得来的侦查果然换来了了不起的情报，斯巴达克斯的军队已经逼近了克里台尔纳。克拉苏就命令奥鲁斯·摩米乌斯率领两个正规军团与六千名辅助兵，在莱埃特附近渡过维林纳斯河，循着左岸用急行军赶到阿里发布采尔，在那儿渡河到右岸，然后向克里台尔纳前进。但是克拉苏将军命令他的代理人摩米乌斯千万不可与斯巴达克斯交战，而要不断地退却，直到克拉苏本人率领大军赶来进攻斯巴达克斯的后方为止。

摩米乌斯确切地执行了克拉苏的命令，他在第二天早晨就来到了阿里发布采尔。但是他不能在这儿扎营而且被迫离开，因为斯巴达克斯已经临近了。

虽然兵士们已经被急行军折磨得疲劳不堪，摩米乌斯还是率领他们穿过阿平宁山的峡谷，来到了苏布拉克威。他在峻峭的、岩石嶙峋的山坡上占领了极其有利的阵地，准备在下一天离开这儿。

但是他手下的两位统领过来劝他，说不能再在敌人的面前退却了。他必须利用命运之神赋予他的好机会，可以不要克拉苏的帮助单独打垮斯巴达克斯。因为在狭窄的峡谷中，斯巴达克斯是无法利用他军队数量上的优势的；摩米乌斯被他们说服了，开始在这一极其险要的阵地上等待着斯巴达克斯的到来。两位统领代表他们的军团对他预言，说他一定会获得胜利。

摩米乌斯充满了胜利的希望，他觉得那是极有把握的事。到了第二天，斯巴达克斯到来的时候，摩米乌斯就开始与他交战。色雷斯人已经发觉，在这一阵地上作战，他的十四个军团并不能为他取得任何优势，因此他命令第十三军团与第十四军团与敌人交战，另外抽调一个军团里的全部轻装步兵与掷石兵，命令他们爬到周围山峰顶上，从后方攻打罗马人，用巨大的石块和羽箭攻击他们。

一队队轻装的起义军极其认真地执行了斯巴达克斯的命令。战斗开始后三小时，正当双方以同样顽强的精神杀得难解难分的时候，罗马人突然又惊又怕地看见周围的山头都已布满了敌方的掷石兵与轻装步兵，各种弹丸像一片乌云那样飞下来，接着，那批起义军从山峰顶部冲下来，迂回到罗马人的后方和侧翼来了。罗马人一看到这情形就开始溃逃，为了逃窜时可以快一些，他们把武器、盾牌以及所有的盔甲都在路上抛弃了。

但这时候，与他们交战的两个起义军军团却开始向他们发动猛攻。轻装的起义军步兵也已从周围的岩石后面和山峰上下来了。战斗顿时变成了流血的杀戮。罗马人在这场杀戮中阵亡了七千人以上。

罗马人又一次战败了，而这一次战败的代价是极其惨痛的。这导致好不容易由克拉苏悍不畏死的演讲和全力以赴的精神所振作起来的罗马全军的士气，再一次低落了下去。

此时，克拉苏的愤怒达到了极点，不但摩米乌斯的行动使他大为不满，摩米乌斯手下的两个军团尤其使他感到怒不可遏，因为溃败的兵士竟一直逃到了罗马城下。当这一新的失利消息传到城中时，居民们顿时大起恐慌，慌乱的情形一直持续到克拉苏的使者出现以后才平静下来。那几个使者终于使罗马人相信，苏布拉克威之战并不具有足以引起恐慌的重大意义。他们把战事的实际情况报告了元老院，并且建议元老院火速把所有摩米乌斯军团中的逃兵送回克拉苏将军的营垒。

元老院通过了这一建议，他们即刻把所有的逃兵都送回了营垒。不难想象，当这些逃兵重新出现在克拉苏的军营里时，是多么的羞惭，而且是多么的沮丧啊。

克拉苏在将军法场上聚集了全部军队，把他们列成了方阵。在方阵中间，就站着那批已经解除武装、满面羞惭、垂头丧气的摩米乌斯军团中的逃兵。具有演说天才的克拉苏开始滔滔不绝地发表责备他们的演说。他激烈而又严厉地斥责逃兵们的怯懦行为，说他们用这种行为玷辱了自己，像一群胆小的婆娘那样从战场上脱逃，抛弃了他们的祖先曾经在困难百倍的环境中用来征服全世界的武器。他声明，必须彻底消除这种愚蠢的惊慌心理，正是由于这一点，卑贱的起义军和奴隶的军队三年来才能自由自在地在意大利全境横行，也正是由于这一点，才使他们获得了不应有的英勇显赫的声名，而罗马军队在过去以它不可战胜的威力争得的荣誉，现在却变成了全世界的笑柄。

克拉苏宣布，以后决不能再蒙受溃逃的耻辱：创立英勇事业和光辉胜利的时期已经到来了。既然自尊、自重的感觉和罗马人的光荣还不足以消除这一耻辱，那就要用铁的纪律以及在最残酷的刑罚的胁迫下保全生命的恐惧心来取得胜利。

在这一段语气强横、语调却阴沉的演讲最后，克拉苏宣布，他要重新恢复一个祖先极少采用的军令，即什一格杀令。阿庇乌斯·克劳提乌斯在罗马纪元304年首先在他的军队里采用了这一刑罚，从那时起几乎已有整整两世纪不再采用这一悲惨的刑罚了。但是，为了惩罚并从此杜绝再有罗马战士犯下逃跑这种从敌人那儿、特别是从这样卑贱的敌人手中逃走，而且还可耻地抛弃了自己的武器的罪行，克拉苏对和平女神发誓，从今天起就要把这一刑罚应用到这些逃跑的罗马战士们的身上，并且从此以后，用到每一位罗马战士们的身上！

听到什一格杀令被再次启用后，这九千名逃兵的脸已经白了，他们的头惭愧得抬不起了，他们的眼睛里淌下了悔恨的泪水。

终于，营垒中最受人尊敬的统领和许多最有名的参军贵族也开始恳求克拉苏不要采用这一酷刑，克拉苏还是铁面无私地毫不留情。他不但拒绝撤销这一他已采取的严酷决定，而且立刻下令必须在黄昏之前予以执行。九千个人必须进行抽签，每十个人中间有一个人抽到那张注着倒霉命运的签，就得交给仪仗官。他们先把他们鞭打一顿，然后砍掉他们的头。

但是这一可怕的刑罚常常会偏偏落到那些曾经英勇地进行战斗，对他的同伴们的溃逃毫无过失的勇士身上，这就使全营垒的罗马人产生了深刻的、极其沉痛的印象。在这一悲惨的、几小时之内就砍下了九百个头的行刑过程中，曾经发生过四五次伤心的插曲。四五个摩米乌斯军团中最勇敢的战士，因为别人的怯懦而献出了生命。这些人在苏布拉克威战斗中的勇敢战斗精神是大家有目共睹的。在这四五个勇士中，特别是一个二十岁的青年艾米里乌斯·葛拉布利奥引起了所有人极度的同情和悲悼。他曾经英勇地抵抗起义军们的猛攻，一直坚持到最后一分钟。他受了两处伤，却没有离开阵地。但是崩溃的人潮把这位受伤的勇士冲了开去，使他远离了战场。这情形是大家都知道的。大家都大声为他证明这一点。但是铁面无情的命运之神打击了他，他抽签失败了，必须遭到惨死。

这个勇敢的青年在所有人的哭泣声中来到了将军的面前。他的脸变得死一般白，但是他那极其镇静和坚定的神情，简直比得上摩齐乌斯·斯采伏拉和朱尼乌斯·布鲁脱斯。他大声说：

“你所采用的什一格杀令，对共和国不仅必要，而且有益。我们这两个军团在最近这次战斗中表现了可耻的行动，我们是应该获得这一刑罚的。命运之神没有眷顾我，我应当死。但是克拉苏将军，你跟我的战友一样，知道我不是一个懦夫。我并没有逃走，而是英勇顽强地像一个罗马人那么作战。虽然我受了你也看到的这些伤（他说到这儿，指着自己那经过包扎的左手以及他外衣里面捆住整个胸部的血痕斑斑的绷带），我还是抵挡了敌人的进攻。因此，你如果承认我的勇敢，我请求你赐恩：不要让仪仗官鞭打我，只让他们把我的头砍下来！”

将军周围的人都哭了。克拉苏本人也显得苍白而又激动。他回答那个勇敢的青年说：

“我同意你的要求，英勇的艾米里乌斯·葛拉布利奥。可惜我们祖先的严酷刑罚不准许我保存你的生命，虽然你是应该获得这一权利的……”

“死在战场上敌人的手里，或者死在这儿将军法场上仪仗官的斧头下面，都是一样，因为我的生命属于我的祖国。我很高兴，在这儿大家已经统统知道，住在罗马城里的我的母亲、整个元老院和所有的人民也会知道：我并不是一个懦夫……只要我已经拯救了我的荣誉，死亡是毫不可怕的。”

“你死不了，年青的英雄！”一个兵士从摩米乌斯军团的行列中挺身出来叫道；他向将军前面跑来，流着泪用颤抖的声音高叫道：

“光荣的克拉苏将军，我叫范莱里乌斯·阿塔鲁斯。我是罗马的公民，也是参加保卫苏布拉克威的战斗溃败的第三军团第三大队的兵士。当时我恰巧在这位极其勇敢的青年的旁边。我亲眼看见，他虽然受了伤还是继续抵抗敌人，直到我们大家一齐转身逃命，使他不由自主地被人潮拥离了战场。既然仪仗官的利斧只要砍死十个逃兵中的一个，那就砍下我这个逃兵的头，决不能砍他。我对所有罗马的保护神起誓，因为他的行动完全符合真正的罗马战士的刚毅传统。”

这个曾经在恐慌中逃命的兵士，现在显出了崇高的品质。他那高贵的行动，使大家激动得更厉害了；但是，不管阿塔鲁斯和葛拉布利奥之间的竞争多么使人感动，不论两个人中间的每一个都要求将军砍下自己的头，克拉苏仍旧铁面无私地不为所动。葛拉布利奥还是被押送到仪仗官那儿去了。

受到什一格杀令酷刑的两个军团的兵士的叹息声愈来愈大了；别的军团中成千个战士的脸上显出怜惜的表情，他们的眼睛含满了泪水；那时候，葛拉布利奥对他的战友们大声叫道：

“如果你们认为我的死是不公道的，如果我的厄运引起了你们的同情，如果你们愿意使我的灵魂快乐、使我在安静的爱利赛极乐世界中获得甜蜜的希望和安慰，我对和平女神起誓，我希望你们宁可死，也不要在可恶的起义军前面转身逃命！”

“我们发誓！我们发誓！”

“我们对所有的神发誓！”六万人同时怒吼道，好像一阵惊天动地的滚动的雷声。

“但愿伟大的神保佑罗马！现在我死也是幸福的！”这个厄运临头的青年高叫道。

于是他把光光的脖子伸到仪仗官的斧头下，那个行刑的仪仗官就用迅速而又精确的手法，对准它砍了下去。鲜血一下子喷射到地面上，那颗金发的头在六万人恐怖而又惋惜的叫喊声中滚下来了。

玛尔古斯·克拉苏立刻转过身子，遮掩着从他脸上扑簌簌滚下来的泪珠。

死刑的执行结束了。玛尔古斯·克拉苏重新把武器分发给苏布拉克威战斗中逃跑的两个军团的兵士们。他发表了一通简短的训话，希望他们在他们的一生之中不要再有第二次逃跑的行为。

他下令埋葬九百个死人，第二天就拔营出发，开始去追击斯巴达克斯。

“走着瞧吧斯巴达克斯！我，克拉苏，就是你的末日！”

共和国人物故事卷：

困海囚龙

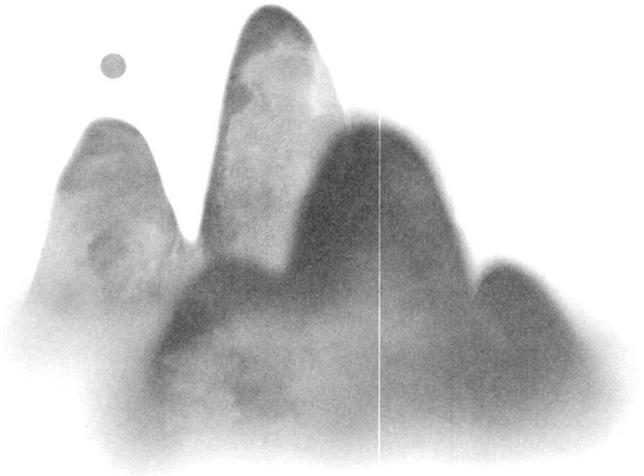

“愿诸神护佑，罗马荣光永存……”

在什一格杀令执行以后，克拉苏率领重新集结起来的罗马军队，开始再次行动起来。他们从此不但甘愿忍受一切困苦，而且渴望着新的战斗。

此时，消息灵通的斯巴达克斯，已经从游荡在外的斥候处得知，克拉苏为击败起义军而重新启用了古老的什一格杀令，来确保罗马军团的战斗力。这一信息让斯巴达克斯确定，如果不能彻底地击败克拉苏，那么进攻罗马是不可能的。所以，他立刻率领着起义军迅速地越过康滂尼亚省和沙姆尼省，重新来到阿普里亚省。他希望把这个将军引得离罗马更远些，因为罗马城每小时都可能给克拉苏增派援军。斯巴达克斯打算与克拉苏大战一场，彻底击溃他所有的军团，然后再向第伯尔河进军。

斯巴达克斯的行动非常迅速，但克拉苏的军队的行军速度也不比起义军差。

十五天，克拉苏将军在达乌尼亚追上了起义军，他们已经在西滂特附近扎了营。克拉苏到了那儿想把角斗士的军队压缩到海边去，因此他在阿尔比和西滂特之间替自己的军队选择了一处营地，准备等待有利时机攻打斯巴达克斯。

两军对垒三天后的深夜，当双方营垒都静下来的时候，有一个传令官走进了克拉苏的营帐叫醒了他，向他报告，说是从起义军那儿来了一个使者，要和将军商谈一件极其机密的要事。

克拉苏跳起来了：他是非常警觉的，每天晚上只睡很少时间。他命令传令官把那个起义军使者领到他跟前。

那个使者的个子并不高，披着一副漂亮的铠甲，戴着一顶放下了护眼甲的头盔。“他”刚刚看到将军，就拉起了护眼甲，于是克拉苏看到了“他”那雪白的、女人一般的脸。

“你是？”

“你不认得我了吗？罗马最富有玛尔古斯·里齐尼乌斯·克拉苏？”

“唔……真的……你的脸我很熟……可是……可是你并不是小伙子，我对万能的神发誓，你是女人！这可能吗？我对地狱中的维纳斯女神起誓！一个女人，穿着他们衣服的女人，来我的军营里面做什么？”

“没有任何一个男人能够忘掉我的热吻，将军，难道您竟这么快就忘记了？”

“爱芙姬琵达！”惊异万分的玛尔古斯·克拉苏叫道，“我对朱庇特的雷火起誓！爱芙姬琵达！你竟在这儿？你从哪儿来？！”

克拉苏猛然地向后退去，他把两手交叉在胸前，显出不信任的眼光注视着爱芙姬琵达。他那对灰黄色的蒙胧的眼睛，突然发出了光芒，好像火焰一般地燃烧着。

“女人，如果你想来对我撒娇我可要警告你：你可就认错人了。我不是克洛提乌斯，不是瓦利尼马斯，也不是奥莱施杜斯！”

“但这并没有妨碍你也成为一个大傻瓜，可怜的玛尔古斯·克拉苏。”希腊妓女向将军迅速而又恶毒地瞥了一眼，大胆地嘲笑他说。“你是最富的罗马人，”爱芙姬琵达沉默了一会儿继续说，“但无论如何不是最聪明的罗马人。”

“你来干什么……你有什么企图？……快说。”

爱芙姬琵达沉默了一会，摇着头，显出嘲讽的笑容仔细地观察着这位罗马将军，接着说：

“我对奥林匹斯山的朱庇特起誓，我无论如何也没有想到，我给你带来了胜利的希望，反而遭到你这样的款待！谁还会替你们服务呢？我对所有的神灵起誓，你们获得胜利以后一定也会同样地对待我的！”

“你究竟说不说，你为什么到这儿来？”克拉苏不耐烦地说，同时仍旧用不信任的眼光注视着她。

“克拉苏大将军，你可还记得，普勃利克拉是如何击败艾诺玛伊那头狮子的吗？”

“据说，艾诺玛伊和斯巴达克斯在击败卢古鲁斯的庆功宴上忽然分裂了。之后，这个粗鲁的日耳曼人就马上被普勃利克拉包围了。”

“那么，他又是如何在大胜之后，忽然跟斯巴达克斯分裂的呢？”

克拉苏不说话了。他用那炽烈焰火般的眼睛盯着眼前这个妖娆骄傲的如曼陀花一般的女人。他的嘴角露出了一丝微笑。

“那是你的杰作，是吗？我亲爱的爱芙姬琵达。”

“那么将军，现在，这一次，我在克利克萨斯的军营里面。您知道该怎么做了吧？”

“我凭什么相信你？相信你这样的一个女人？”

“将军，明天可能有个很大的谣言会传来，而且可能很快就会传到你这儿。葛拉尼克斯和阿尔托利克斯指挥的两个军，包括八个军团以及骑兵队，一共四万人，将在斯巴达克斯的统率下离开西滂特向巴尔莱特前进，仿佛企图进入毕赛恩人的地区，而克利克萨斯和他的那一个军包括三万名战士却会留在西滂特。此时，克利克萨斯将在附近的居民中间散播谣言，说他与斯巴达克斯之间产生了不可调和的互相对立的意见，因此分裂了。”

“而如果今晚不是你来禀报这个消息给我，当我明日一早知道斯巴达克斯已经走了，且克利克萨斯被孤立，我自然会去攻打克利克萨斯。可斯巴达克斯却会把自己的军队藏匿在西滂特通巴尔莱特大路两旁的森林里。我一与克利克萨斯交战，他就会从后方来包围我。是这个意思吗，我美丽的女士？”克拉苏边说边笑边走向爱芙姬琵达，他眼中的火焰开始从橙红色变为青蓝色。

“将军，如果明日一早，你没听见这个谣言……”爱芙姬琵达故意将声音放低拉长，一边低着头，眼睛悄悄向上拉起，嘴角浅笑着向克拉苏靠过去，“我的身体和生命就是你的保障。”

“好吧，女人，假如一切就如同你所说的。我应该怎样才能避免这个陷阱？”

“明天拂晓前，将军你就离开这儿向西滂特出发；当你到达那儿时，斯巴达克斯可能已经离开该城三十千米路了。他将等待克利克萨斯的传令官去报告关于你的军队行动的情报。你是否已经出发，是否很快就落到他所张设的罗网中去。但是，那时候，这个传令官却会告诉他：‘斯巴达克斯元帅，来自罗马的克拉苏将军并不想拔营出发哦！’接着，这个传令官就会回到克利克萨斯那儿，说：‘克利克萨斯听令！斯巴达克斯大元帅命令你立刻出发上迦尔冈山与罗马人决战！大元帅会来支援你的！’而你，我的克拉苏将军，你只要等克利克萨斯一离开西滂特接近迦尔冈山，就突然向他进攻。到了那时候，即使斯巴达克斯知道克利克萨斯将要遭到危险急急赶来增援也来不及了。”

克拉苏无比惊诧地倾听着这个女人向他说的话，她那由巧妙的军事艺术和老练的谋略交织而成的作战计划，骄傲的克拉苏认为自己都无法思考得如此完善。

“还有最后一个问题，那个传令官，我听说起义军内部都是斯巴达克斯的狂热追随者，你是如何收买了那个传令官？”

“啊！克拉苏，除了你，还有谁能忘记我爱芙姬琶达的吻呢？”爱芙姬琶达靠着克拉苏更近了，她点起脚尖，将嘴唇放在克拉苏的耳旁轻声一字一字地吞吐道，“至于给予那个传令官的财富，普勃利克拉大人让我直接询问罗马最富有的您，相比消灭起义军的功劳，您是不介意这些小花销的，对吧？”

“即使是地狱里最可怕的深渊中的恶鬼，也想不出比这更可怕、更精细而且更含有血腥气的计划。你这可怕的女人……”克拉苏的身体有些颤抖。

“瞧！我的将军阁下，我再可怕，现在不还是在您的手里嘛？”

第二天拂晓，克拉苏下令拔营出发。他派出了五千名骑兵在大军前面出发，吩咐他们在离开大队人马五千米的地方小心地前进，同时侦察周围的地区，使他们不致遇到出人意料的危险和埋伏；日出后不久，他就向西滂特进发了。他的军队走得很慢，那也许是因为他害怕落入陷阱，但也许是因为他不愿意使他的军队过分疲劳，以便随时应付敌人的突然袭击。

这时候，斯巴达克斯也已拔营出发，他率领着八个军团和一队骑兵向巴尔莱特的方向前进。克利克萨斯和他的六个军团却留在西滂特。有一种谣言在西滂特附近的地区传播着，说是由于斯巴达克斯和克利克萨斯意见不合，经过争吵以后，起义大军已经分裂为两部分：一部分想攻打阿尔比附近的罗马人营垒，另一部分则决定经过贝纳文特向罗马挺进。

这样的谣言开始了。

第二天晚上，正当克拉苏的军队来到离西滂特四英里远的迦尔冈山的一个林木茂密的峡谷中，肃静无声动也不动地设下了埋伏时，被爱芙姬琵达收买的传令官已骑着马倾全力向巴尔莱特飞跑，把克利克萨斯的命令传递给斯巴达克斯。命令中说：敌人已经离开阿尔比落到陷阱中了，要斯巴达克斯赶快回到西滂特来。

接着，这个使者又立刻来到西滂特营垒里告诉克利克萨斯，说斯巴达克斯命令他从西滂特出发到迦尔冈山，竭力在那儿占领一处地势险要的阵地。

克利克萨斯得令立刻下令拔营。在太阳还没有出来以前，急速赶往迦尔冈山。

巍峨的迦尔冈山的山麓，那里有着清澈明朗的亚得里亚海的广阔画幅。沿岸渔民的帆船，正在暗流汹涌的波涛上慢慢地摇晃着。

四小时后，克利克萨斯率领他部的军团来到了迦尔冈山伸向海滨的最后的一道山坡。正当他选择了一处便于防守的阵地下令建筑营垒的时候，起义军们突然叫道：

“罗马人！罗马人！”

早就埋伏在这里的克拉苏突然杀了出来。起义军瞬间就被包围了。

但是克利克萨斯在这一出人意料的攻打下并没有惊惶失措；他以一个英勇统帅的镇静和坚强，把他的六个军团按照高低不平的地势列下了战阵。他把四个军团面对着敌人展开了队伍，但是为了对付敌人，他尽可能地拉长了战线，让他的军队的右翼伸展到原来准备扎营的丘岗边，同时把第五、第六军团留在那儿作为后备军。他又让战线的左翼伸展到一座不可攀缘的悬崖附近。海水正在崖脚下轻轻地泼溅着。

一会儿，六个罗马军团用密集队形向起义军们冲了过来。交战者的狂暴呼喊，无数短剑与盾牌的铿锵碰击声，震破了这一荒凉的林木茂密的海岸的永恒的静寂；回声不断地重复着这一阵阵非常悲惨、阴沉的激战声，从一个岩窟传到另一个岩窟，从一座悬崖传到另一座悬崖。克利克萨斯骑着马在他的队伍中跑来跑去，克拉苏也一样。两个指挥官都在激励自己部下的士气。战斗是可怕的。不论是罗马人还是起义军都不肯后退一步，他们的冲杀并不是为了求生存而是在决死战。

由于罗马人用密集队形进攻，克利克萨斯军队的左翼没有遭到敌人的攻打。所以起义军第四军团的三千多名战士，虽然在展开了战斗阵势以后急不可耐地想参加战斗，但却变成了按兵不动站在那儿的战斗的旁观者。第四军团的指挥官沙姆尼特人奥纳齐乌斯一看到这情形，就急匆匆地赶到队伍前面，站在三千名战士前面发出命令：“向右转！”接着就率领他们向罗马人的右翼进攻。这队起义军对敌人的攻势非常猛烈，他们在敌人的队伍中不断撒播死亡的种子，不久，罗马人最右面的那个军团在对方正面与侧面的夹攻下完全溃散了。但这只是短时间的胜利；罗马军队的右翼司令官斯克罗发副将，骑着马飞也似的赶到罗马骑兵后备队所在地去，命令骑兵队指挥官葛涅乌斯·昆杜斯率领七千骑兵进攻起义军军队的左翼——由于奥纳齐乌斯的急躁行动，它现在已暴露在罗马人的眼前而且无人防守了。斯克罗发嘱咐昆杜斯先绕过起义军的左翼，插到他们的后方去。昆杜斯立刻纵马疾驰去执行命令。过了一会儿，起义军第三和第四军团的后方就遭到了罗马骑兵的攻打，这使他们的队伍混乱了，战士们起了恐慌，他们遭到了罗马人可怕的屠杀。

这时候，克拉苏又派出了两个军团和六千名掷石兵，命令他们包抄克利克萨斯的右翼；在起义军后备队隐蔽的那个丘岗后面有一座山峰。这批罗马部队立刻怀着无可形容的旺盛斗志，极迅速地爬到山峰顶上；接着，列成半圆形冲下山来，向起义军的第五、第六军团猛攻；但是，克利克萨斯命令右翼在地形许可的范围内向右伸展，形成一道新的战线，这样起义军军队的两道战线就形成了三角形的两条边，三角形的底边是海岸，它的顶点就是那座丘岗。

在新的战线上也发生了残酷的战斗。

克拉苏看到了起义军第五、第六军团的指挥官梅赛姆勃利乌斯和里维乌斯·葛明台尼玛斯那巧妙的军事行动，知道他那包抄起义军右翼的计划没有获得成功，便决定加倍利用奥纳齐乌斯那已被斯克罗发很巧妙地利用过的错误，因而，克拉苏不仅派出了其余的骑兵，而且把两个后备军团也投入了这一缺口，命令他们从后方猛攻起义军军队。

就这样，不管这三万名起义军在抵抗八万罗马大军的战斗中显示了怎样奇迹似的勇敢精神，不到三小时，克利克萨斯的六个军团便在敌人近三倍的优势兵力包围下被消灭了；他们甚至丝毫也没有想到自己的生命，只是怀着绝望的英勇心情，在这片广大的战场上光荣地战斗牺牲。

克利克萨斯以他原有的英勇精神奋战到底，而且到了最后一刹那还在希望斯巴达克斯的援军到来。当他看到他的大部分同志已经牺牲，他就勒住了战马——那已是他在当天骑的第三匹马，因为另外两匹早已被敌人刺死了——并且对他前面那可怕的大屠杀的惨景投去难以形容的痛苦的一瞥；热泪从他的两颊流了下来，他凝视着斯巴达克斯可能到来的那个方向，用那充满了对他战友的伟大的爱的颤抖声音叫道：

“啊，斯巴达克斯！你竟不能及时赶到这儿！到底是什么，是什么样的阴谋绊住了你强健的脚步？当你看到三万名英勇的同志惨遭覆灭，你的心会感到多么痛苦啊！斯巴达克斯，我相信你，我相信你……”

克利克萨斯把左手举到了眼睛上，坚决地擦去了泪水，用镇定、洪亮的声音对他最后的战士们说：“弟兄们！现在该轮到我们牺牲了！”

他握住了那把染满罗马人鲜血的短剑，骑着马，向整整一中队围住了八九个起义军在那儿厮杀的罗马步兵冲去。那几个起义军虽然已经浑身负伤，还是竭力地抵抗着。克利克萨斯挥舞着短剑用洪亮的声音喊道：

“喂，你们这些‘勇敢’的罗马人，当你们用三个人对付一个人的时候，你们总是大胆的！站好了，我来跟你们拼一下！”

克利克萨斯单枪匹马地把一群罗马人冲倒在地上并用他的短剑砍杀敌人。虽然罗马人有八九个之多，却很难抵挡克利克萨斯那冰雹似的猛烈攻打。罗马人的队伍甚至有些混乱了，而且微微向后退却。但是，更多的罗马人，两个、四个、十个……成群结队地赶来助战，他们就愈来愈密地把克利克萨斯团团围困起来了。

克利克萨斯的战马被刺死了，但他依旧毫不放弃地，以无比勇猛的精神徒步战斗着。罗马人越来越多，他们从前面，从两侧，从后面包围了克利克萨斯。

终于克利克萨斯倒下了，他浑身布满了可怕的创伤。在他倒下的那一刹那，他仍然挣扎着转过身来用短剑刺穿一个砍伤了他背部的罗马兵，但是短剑就这么留在那个兵士的胸中，因为克利克萨斯已经没有力气拔出他的剑了；一支利箭从离他五步远的地方射中了他的前胸，他轻轻地叫道：

"我亲爱的，斯巴达克斯，但愿你获得……胜利……自由……自由……万……岁……"

持续三小时的迦尔冈山激战就这么结束了。克利克萨斯统帅的六个军团共计三万起义军全军覆没。罗马人的损失也不小，阵亡了一万名。

起义军方有八百名身受重伤的起义军做了罗马人的俘虏。克拉苏命令把他们全部活活钉死在十字架上，而那些十字架就竖立在当天晚上罗马人行军的大道两旁。到了午后，克拉苏很快地下令吹集合号，为阵亡的罗马人的尸体举行火葬。他命令部下不用扎营而且警告所有的统领和百夫长，叫他们的军团和大队准备在午夜前出发。

斯巴达克斯怀着无法形容的惊恐心情，整整等待了一天一夜。他等待着克利克萨斯的传令官，等待着他们带来的关于罗马人的行动消息，但结果却连人影儿也不见；到了拂晓时分，他派他自己的两个传令官，每一个率领一百名骑兵，每队相隔半小时向西滂特进发。他命令他们火速带回有关敌人和克利克萨斯的情报。尤其糟糕的是，他部下的战士离开营垒时只带了三天干粮，若是超过了这个期限就没有东西吃了。

当斯巴达克斯的第一个传令官来到西滂特附近营垒旁的时候，他感到十分吃惊，因为在那儿看不到一个起义军。他不知道怎么办才好，决定等待第二个传令官到来后一起商量。但是，两个传令官还是非常怀疑，而且犹豫不决。突然，他们看见几个骑士骑着几匹浑身大汗、频频喘息的战马向着营垒没命地跑来，这是克利克萨斯一看到罗马人出现就立刻派到斯巴达克斯处来求援的几个传令官（此处不包括那个被收买的早就逃跑的叛徒）。

“啊，地狱里的神啊！”斯巴达克斯一听到这个不幸的消息，立刻变得脸色惨白。他比所有人都率先明白了这一切阴谋的来龙去脉，并且明白这一卑鄙的叛变会引起什么样的可怕后果，他哀叫道：“我们中间出现了叛徒，现在赶快行军，向西滂特前进！”

他纵身上马，叫来了葛拉尼克斯，用哽咽的声音对他说：“我命令你率领八个军团强行军出发：要让每一个人的脚上都像长出翅膀似的……今天是我们极其不幸的日子……让每一个人的心好像金刚石一般坚硬……你们要飞……要飞过去……克利克萨斯快要覆灭了！我们的弟兄已经在成千地死去……我得立刻去援助他们；我先带着骑兵队出发……为了我们的神圣事业，你们要飞过去，飞过去！”

他这样说过以后，就率领了八千名骑兵，倾全力循着通西滂特的大路飞跑。

可惜，此时的迦尔冈山激战已经结束了……

当飞奔的骑兵们传来地狱里不幸的消息时，起义军的队伍里顿时传出了此起彼伏的号啕哭声、咒骂声、悲愤的复仇声。

“必须撤走！克拉苏的军队经过这场屠杀我们弟兄的流血战斗，至少得经过八九小时的休息才能从迦尔冈山出发；我们必须争取时间，改变我们的处境。”起义军的领袖，所有人的精神支柱，斯巴达克斯率先擦干了眼泪，以巨人般的毅力打起精神来，再一次把起义军团结在一起。

“弟兄们，我们要用一天五十千米的速度，在五六天之内循着山路经过密妮尔瓦和维纳西亚进入鲁康尼亚省。到了那儿，将有新的奴隶弟兄来投奔我们。那时候如果我们还没有力量与克拉苏作战，我们可以进入布鲁丁省，再从那儿渡海到西西里，使那边还没有熄灭的奴隶起义的火焰重新燃烧起来。”

他让那些由于疯狂奔驰、疲乏不堪的战马休息了半小时之后，就命令骑兵队带着那八个从迦尔冈山屠场中逃出来、受尽折磨的受伤起义军，一起回到八个军团在半路上逗留的地方。

斯巴达克斯叫来了葛拉尼克斯。他把葛拉尼克斯叫到一边，把自己的计划告诉了他。伊里利亚人觉得这个计划很好，斯巴达克斯就把执行这一计划的任务交给了他，并且嘱咐他在十二小时之内不停地向海尔顿尼亚进军，而斯巴达克斯本人则决定率领三百名骑兵上迦尔冈山给克利克萨斯收尸去。

葛拉尼克斯竭力想说服斯巴达克斯，向他指出可能遭到极大的危险。如果他是一个普通人，他可以不顾这一切，但他是起义者的首领，是这一伟大而又神圣的事业的灵魂，他就没有权利冒险。

“我相信我不会遭到危险，而且最迟不超过三天就可以在阿平宁山赶上你们。如果我不幸牺牲了，我的英勇刚毅的葛拉尼克斯，你具有足够的经验、智慧和威望，可以继续顽强而又坚决地领导我们这些被压迫的弟兄反抗压迫者的战争。”

不论葛拉尼克斯怎样劝阻斯巴达克斯，起义军的首领还是不肯改变他的决心。

“我必须去祭奠我最亲爱的兄弟，必须为他的英勇举行盛大的葬礼！我不会有事，亲爱的葛拉尼克斯，愿我们胜利，自由……万岁！”

斯巴达克斯拥抱了葛拉尼克斯和阿尔托利克斯，叮嘱年轻的高卢人必须绝对执行命令。面对妹妹密尔查和爱人范莱丽雅，把她们托付给他的战友们后，斯巴达克斯并没有跟她们告别。就这样，他离开大队人马走了。起义军的军队就按照他的命令离开了司法官大道，从田野和葡萄园之间穿过去，向海尔顿尼亚出发。

当天晚上，斯巴达克斯来到西滂特的郊外。他向迦尔冈山的方向派出一小队骑兵，叫他们去侦察敌人的行动。他在得到确实的令人放心的消息后，就命令他的骑兵们下马。他自己首先拉着马缰，率领他们一起进入由西滂特经过迦尔冈山直到海滨的那条大路旁的森林中去。他们为了隐伏到密林深处去，不得不用短剑砍掉灌木丛和树木的丫枝。他们缓慢而又艰苦地开辟道路前进，经过两小时的努力，终于来到树林深处一片围绕着橡树与枞树的空地上。那片空地上有几所樵夫的茅屋，住在屋子里的那些樵夫差不多一年之中的大部分时间都是在这座树林中度过的。

斯巴达克斯首先扣留了所有的樵夫，派卫兵监视他们，使他们不能向罗马人报告起义军的骑兵已经来到这儿的消息；接着，他向樵夫们说明，他绝不会有任何不利于他们的举动。他下令熄灭所有的篝火，以免引起敌人的注意，又叫大家保持极度的肃静，倾听极微细的声响。

一切正如斯巴达克斯所预见的那样发生了。在第一支火炬燃着后一小时，克拉苏就命令他的军队离开战场循着通西滂特的大路出发；天边刚出现熹微的晨光，被夜寒冻得麻木、但还是在树林深处倾听着司法官大道上动静的起义军们，突然听到了步兵的脚步声、马蹄的得得声和千万个人的喧闹和轰响：罗马人的军队并不十分小心地循着大路过来了；罗马的兵士认为他们是胜利者，而且知道敌人已经逃走了，他们相信起义军的军队已经离开他们很远很远了。

可是，起义军的骑兵队的战马，因为感到罗马人战马的逐渐接近突然高声嘶叫起来了；幸而，被胜利冲昏了头脑的罗马人正得意扬扬闹哄哄地行进着，否则他们一定会很快地发现树林里的敌人。

只是他们，包括克拉苏在内都不会知道，他们刚刚失去了一个可以彻底歼灭起义军、歼灭斯巴达克斯的绝佳机会。

而这，将会给未来酿成巨大的灾难。

共和国人物故事卷：

金蝉脱壳

在迦尔冈山血战中获得全胜的罗马军队，一直走到太阳出来才走完。苍白而又沮丧的斯巴达克斯和他的三百名骑兵，终于能够从树林里出来了。他们纵马飞跑，过了两小时才来到那片从迦尔冈山的山麓一直伸展到海滨的战场上。

斯巴达克斯一看到这可怕的情景，他的心一下子收缩了。他觉得他的眼前发黑了：在这片广阔的战场上，不论你怎样纵目远望，到处都布满了三万名起义军的尸体；一大堆一大堆的篝火还在冒烟，散发出刺鼻的焦肉臭味，这证明了不久之前这儿同样地散布着几千具罗马兵士的尸体。在这片苍凉的战场上，在这个不久前无数生命曾经沸腾和活跃过的地方，现在却已被冷酷而又缄默的死神统治了。

斯巴达克斯的心被这一突然攫住他的残酷的怀疑感压榨得发痛，他觉得连气也透不过来了。

三百名骑兵也沉浸在悲哀和痛苦中，他们歇斯底里地从马上摔下来，跪在地上号啕大哭。斯巴达克斯竭力想从这一痛苦的念头中挣扎出来，他猛烈地驾着他的战马在战场上飞奔，直到成堆的尸体使他不能再前进才止。于是他下了马，把马交给身边的一个骑兵。他命令骑兵队中的一半人继续跟随着他，其余一百五十个人留在战场的边沿看守马匹。斯巴达克斯怀着绝望的心情在这一悲惨的原野上行走，每一步他都看到他所熟识的、但是已经罩上了死白色而且毁伤得不像样子的战友们的脸。他的两眼不禁含满了热泪。

菲萨朗尼乌斯，他的躯体和躯体下的土地被鲜血染得通红；勃烈卓维尔的胸口插着九把短剑；第六军团指挥官里维乌斯·葛朗台尼乌斯和第三军团指挥官卡斯杜斯几乎都被罗马人的尸体掩埋了……最后的最后，在死人堆最高的地方，是克利克萨斯的、遍体鳞伤的、唯有那一双高贵骄傲的双眼被保留下来的躯体。

一看到克利克萨斯的样子，斯巴达克斯的心又由于痛苦和热爱而突然收缩了。他猛地扑到地上，发狂一般地吻着他的战友的脸，哽咽地叫道：

“我最心爱的朋友呀，你做了最卑贱的叛徒手中的牺牲品！克利克萨斯，你牺牲了，我竟不能及时赶来救你！ 我在这儿对天堂与地狱中的一切神灵发誓，我对傅林娜复仇女神和地底下的海葛特女神发誓，我的兄弟，我对着你没有呼吸的尸体发誓，我一定要找到那个万恶的叛徒为你复仇，不论他或他们躲进大海的深渊还是钻到地狱的无底洞穴里去，我都要找到！我对所有的神灵发誓，请他们替我作证，为了使你的灵魂安息！我要为你复仇，复仇！！！”

他不作声了，他把英勇牺牲的高卢角斗士的手压到了自己的胸部上。

斯巴达克斯站了起来，他的两眼充着血，迸射出愤怒的光芒。接着他抬起头来，把两手伸向天空。然后，他抱起克利克萨斯的尸体，在骑兵们的陪伴下一直走到海滩上；他在同伴们的帮助之下，脱去尸体上血淋淋的衣服和砍得粉碎的铠甲，把尸体浸到海浪中洗净了，然后脱下他披在自己铠甲外面的黑色宽袍，把高卢人的尸体包起来。他命令战士们把尸体扛到正在战场边缘等候他们的、看守马匹的伙伴们那儿去。

之后，斯巴达克斯下令所有人前往阿尔比绕道去海尔顿尼亚与大部队会合。

斯巴达克斯来到阿尔比以后，知道克拉苏已经率领大军向卡内前进，色雷斯人就立刻急行军向海尔顿尼亚进发。整整一夜，斯巴达克斯毫不怜惜马儿的力气，循着崎岖的山路疾驰并在第二天迅速与大部队会合后，就立刻毫不停留地向阿斯古尔城疾驰，终于赶在第三天正午到达阿斯古尔城外扎了营。

虽然经过长途的急行军后，起义军的人马已经十分劳累了，但是到了半夜里，斯巴达克斯还是下令全军拔营向密妮尔瓦出发。他们到那儿后只休息了四小时，就立刻又向维纳西亚出发，在当天黄昏时分赶到了那儿。

破晓，斯巴达克斯再次命令他的战士拔营出发，离开了前一天晚上他们在维纳西亚附近一座形势险要的丘岗上建成的营垒。他率领他们爬到附近山峰的顶上。色雷斯人说，为了不让克拉苏追上和打败他们，他们必须在山上忍受一下寒冷和困苦。

斯巴达克斯让战士们休息了两天，然后派出骑兵探听敌人的消息。过了两天，他得到了确实的情报，就在黑夜里离开了维纳西亚，整天整夜地向东行军，突然出现在鲁比城外。在那儿，他把他的军队严密地隐蔽在树林中，只让战士们休息了六个小时。他在正午时分突然攻打克拉苏，这时候那位将军还以为斯巴达克斯仍旧在维纳西亚。色雷斯人猛烈地攻打克拉苏，在三小时的激战中打垮了罗马人的军队，强迫他们乱哄哄地向安德利亚退却。罗马人在这次战斗中阵亡了六千多人，还有三千多人做了起义军军队的俘虏。

过了四天，斯巴达克斯来到了美塔旁特城，又从那儿向修利爱城进军。猝不及防的罗马人没想到起义军的行动速度会如此之快！他们还没来得及向克拉苏送出求援信，就一下子被起义军占领了。斯巴达克斯在那儿设下了巩固的防务，驻扎下来，征集和训练新的奴隶军团。

一星期还不到，就有一万六千多个奴隶投奔到他的营垒中来。他接受了他们，开始匆匆地对他们进行军事训练。然后，他从八个军团的每一个军团中抽调了两千名战士，成立了四个新的军团，使军团的总数达到十二个；那一万六千名新战士就平均分配到各个军团中去；这样，每一军团就有了四千七百名战士；聚集在斯巴达克斯战旗下的全体战士的总数，又上升到五万六千名步兵和八千名骑兵。

当起义军开始行军的时候，克拉苏也随后迅速地赶到阿尔比，接着又经过卡内和卡努西亚到达鲁比，在那儿设立了他的司令部，他在安德利亚留下四个军团、一万名辅助部队和五千名骑兵给副将斯克罗发。按照克拉苏的计划，斯克罗发必须领兵循着大路向维纳西亚进发，而克拉苏本人则从另一条路向起义军进军。他派出使者到巴利、布隆的西和附近别的城市中去征集兵士，至少要用这些兵士再组成一个军团，以便弥补迦尔冈山战斗中阵亡了的一万名兵士。

克拉苏在送给元老院的信中报告了他的胜利，大大地夸张了它的重要性。他使元老们相信，起义军们已经丧了胆，逃到鲁康尼亚去了。他准备在那儿分兵两路包围起义军的军队，把他们彻底消灭。

然而，这封信才寄去罗马不久，斥候们就陆续回来报告给罗马的将军，说斯巴达克斯的军队已经跑到了修利爱并打下了那里。在那里，这个狂妄的色雷斯人竟然又释放了约莫两万的奴隶，组成了两个新的军团。

这是克拉苏所不能容忍的，他立刻派出先锋去攻打盘踞在修利爱的斯巴达克斯，然后自己则亲率大军向葛鲁门特前进。

可是，斯巴达克斯早就料到克拉苏会如此行动，就连罗马侦查斥候所得到的情报都是斯巴达克斯的有意为之。于是，早有准备的斯巴达克斯在通向葛鲁门特的阿尔奇河畔的一处丘岗上全歼了这支罗马的先锋并俘虏了他们。斯巴达克斯从这批俘虏中挑选了一个十夫长，让他回去告诉克拉苏，想要罗马的俘虏，就来葛鲁门特决战。

气急败坏的克拉苏狠狠地训斥了这个十夫长，并即刻下令全军前往葛鲁门特。当罗马将军到达葛鲁门特以后，却发现这里静得出奇。心觉不妙的克拉苏立刻下令全军警戒，火速通过这里。然而已经迟了，早有准备的斯巴达克斯率领十四个军团的全部起义军主力，从四面八方突然杀出，一下子就击穿了罗马人的队伍。

就在罗马军队的溃败即将成为不可逆转的大势时，怒不可遏的克拉苏展现出了他无与伦比的勇气和智慧！他亲自率领六个曾经跟随苏拉一起南征北战的老兵团，那是他坚持恳求元老院赐予他用来讨伐斯巴达克斯的。这六个军团的老兵，是罗马军团里精锐中的精锐，精英中的精英，他们每一个人都是大战士，是了不起的英雄。

他们宛如一座用人砌成的要塞般死死地顶住了起义军的疯狂进攻，寸步不让。

与此同时，克拉苏敏锐地察觉到，起义军左翼的攻势一直很弱，在又经历了一些观察后，克拉苏惊喜地发现，这个左翼军团的指挥官虽然是大名鼎鼎的阿尔托利克斯，但他的军团却全是起义军里的新兵！于是克拉苏立刻下令，让这六个老兵团立刻掉头去冲击位处起义军左翼的阿尔托利克斯麾下的新兵们，其余的罗马军团收缩成密集阵形拖住起义军的攻势。

果然如克拉苏所料，阿尔托利克斯的左翼几乎都是没上过战场的新兵，无论他本人有多么的英勇，早已冲在前线的他，胸部和头部都已经受了伤，他的头盔已经被劈裂了，鲜血染红了他的脸。即便如此，这群新兵们还是在罗马老兵们的猛烈打击下迅速溃败了下来。

这时候，怒冲冲的斯巴达克斯出现了，他用雷鸣般的声音斥责战士们：

“我对所有的神灵起誓！你们的后退已经使罗马人变成凶猛的雄狮，使你们自己变成了胆怯的兔子！站住，看在希帕尔波里的马尔斯的份上，快跟我来，和我一起战斗。我们要像过去一样把他们打得大败而逃。我们打败他们已不止一次了；如果你们能像勇士一般战斗，我们这一次就一定能够打败他们！”

斯巴达克斯把他的盾牌向进攻他的敌人一掷，左手也抄起一把短剑，就如同三年前那场改变命运的角斗一般，拿着两把短剑向罗马人扑去。他迅疾地挥舞着短剑，给敌人以极其猛烈的打击，不到一会儿就有一大批罗马老兵们倒在了地上。有的已经死去，有的受了重伤，发出一阵阵痉挛。罗马人被迫退却了。在斯巴达克斯那猛烈的、强有力的打击下，不论是盾牌给还是铠甲都失去了作用，一切都在他的剑锋下粉碎，他的两把短剑不断地在他的周围散播着毁灭和死亡。

起义军们一看到这情形顿时士气大振，他们鼓起了新的力量，毫无惧色地投入战斗。但这六个由精锐中的精锐、精英中的精英、英雄中的英雄组成的老兵团也同样名不虚传，在斯巴达克斯犹如天神般的打击下，依然屹立不动，顽强地保护着正在指挥的克拉苏，并护着罗马其他的军团开始陆续撤出战场。

斯巴达克斯当即令骑兵统帅葛拉尼克斯对罗马人发动冲击。英勇的葛拉尼克斯，带着他占尽优势的右翼部队，开始如暴风骤雨般对着罗马军团发起一轮轮的冲击。

在第十二次冲击结束后，斯巴达克斯也下达了撤退的命令。这一战，罗马人阵亡约有一万，俘虏了一百个罗马贵族；起义军损失七千，其中有一千两百人被俘虏。

斯巴达克斯收兵后，开始在各指挥官、统领和百夫长的帮助下整顿他的军队。同时，他下令在营垒中照常燃起营火，却在半夜率领自己的军队悄悄地离开了葛鲁门特向涅鲁里进发。他们在第二天中午到达那边，只休息了四小时又赶到拉维尼亚，在那儿过了夜。第二天拂晓，他们向潘多西亚出发；色雷斯人准备从那儿进入布鲁特人的地区，然后赶到科森齐亚去。

斯巴达克斯的目的是第勒尼安海沿岸，他要在那里同神出鬼没的、一直与罗马为敌的西里西亚海盗进行谈判，希望海盗可以帮忙把起义军神不知鬼不觉地装载到西西里。

另一边，又一次被斯巴达克斯挫败的克拉苏来到了台梅斯准备重整他的军队。一路上，克拉苏发信给鲁康尼亚、阿普里亚、卡拉勃里亚和雅比干亚四省的各自治市要求增援。他对这四个省提起斯巴达克斯的起义军使他们遭到的损失，竭力证明彻底剿灭这批叛乱的匪帮对他们有多大好处。另一方面，克拉苏又警告他们，千万不可吝啬军队，要知道，这四个省的总督如果给自己的增援不到位，那么在这“人类之鞭”的抽打下，大家都要遭受到重大的损失。

顺便一说，在欧洲史上，除了斯巴达克斯这个“人类之鞭”外，还有另一条鞭子，“上帝之鞭”，这个荣誉称号的获得者是成吉思汗。

克拉苏采取这一办法以后，援兵就从四面八方赶到他这儿来了。他在十五天之内聚集了八个军团以上的兵力。于是，克拉苏准备进军攻打斯巴达克斯，因为他的大军的总数已达到了近二十万，便开始浩浩荡荡地开向起义军。

在罗马将军重整军队并再次发起攻势的同时，斯巴达克斯开始跟一批在第勒尼安海沿岸出没的西里西亚海盗进行谈判。色雷斯人要求他们把他的军队装载到西西里，答应用三十泰伦脱作为酬劳。虽然罗马人把“空前的劫掠”的罪名妄加在角斗士军队的头上，事实上这个数目已是起义军库存中的全部财富了。

这批海盗答应了斯巴达克斯的要求。他们甚至从进行谈判的葛拉尼克斯那儿取得了预付的十泰伦脱。但是，就在准备装载角斗士大军的那天晚上，他们偷偷地离开了台梅斯，欺骗了色雷斯人。

不过，“善良”的海盗还是留下了一艘小船和一封信，信上说，他们权衡再三，还是害怕被罗马的舰队围剿。不过既然收了斯巴达克斯的钱，那么如果斯巴达克斯自己要逃跑，他们还是留了一艘小快艇的。

望着海盗们远去的身影，起义军的战士们愤怒得几欲将标枪弓箭朝着他们逃去的方向射在水里。斯巴达克斯制止了他们，因为一小队斥候刚刚飞也似的赶到营垒里，报告了克拉苏的军队已经迫近的消息。

起义军们立刻拿起了武器，列成了战阵，等待迫近的敌人，接着，斯巴达克斯带着六个军团，趁着罗马人还没有落脚，偷偷摸摸地绕道在罗马人的背后埋伏了起来。

此时克拉苏正率领二十万大军前进，他很疑惑地发现怎么起义军看上去只有四个军团？正当他绞尽脑汁想着斯巴达克斯又在用什么阴谋诡计的时候，这四个军团突然一拥而上，打了罗马人一个措手不及。

克拉苏立刻从两翼派出骑兵分别突击起义军的两翼。就在罗马的骑兵们刚刚冲出之时，斯巴达克斯率领早就埋伏好的六个军团突然从克拉苏的背后杀出，一下子包围了罗马人。

惊怒交加的克拉苏只好故技重施，立刻派出了他最精锐的六个军团稳住局势，并利用庞大的人数优势，开始向后撤退。

聪明的斯巴达克斯没有选择死死围住人数优于自己的罗马人，而是放开了包围圈，让罗马人紧张地一点点退了出去。可是，就在罗马人的精神即将放松的那一刻，由骑兵队长葛拉尼克斯率领的骑兵大队突然冲到了罗马人的两翼。

在这一而再，再而三的战阵变化中，斯巴达克斯每一次都抢到了先机，这使得一直被动的罗马人在经历精神和身体的双重起落后陷入了彻底的崩溃。

可怜的克拉苏不得不吹起了屈辱的退兵号。在付出了八个军团的代价后，这位罗马统帅终于得以撤出了战场。

“这下贱而又卑劣的角斗士，不论你怎么叫他都可以……但是必须承认：这该死的斯巴达克斯具有好多卓越的统帅才有的特征。”

“老实说，”克拉苏的护卫，斯克罗发压低了声音悲哀地说，“斯巴达克斯是一位无畏、英明而又卓越的统帅。诸神在上，他为什么不是罗马人。”

但是，即便如此，罗马人在强大的人数优势这一点上却并没有发生什么改变。斯巴达克斯当即下令全军撤回台梅斯城。而克拉苏则选择按兵不动。他派出军队，远远地围住了台梅斯城，他有足够的兵力去画这样一个大圈又不至于会被起义军们再次偷袭。他还占领了城外一些最重要的阵地，同时派使者到修利爱、梅塔旁特、赫拉克里亚、大兰特和布隆的西去，要求那些城市把大批弩炮和破城锤等攻城器械赶快运来。

做完这一切后，克拉苏写信给元老院，说他指望再过一二十天就结束战争，因为角斗士已经被封锁在城中，那当然逃不出他的掌握了。

此时的斯巴达克斯也在把城墙周围的壕沟掘得非常宽阔。他随时戒备着敌人，关心着防务，同时默默地考虑能帮助他脱离困境的行动计划。

色雷斯人绝对禁止城中的居民出城，不论他们用什么借口都不行；角斗士们日日夜夜地守卫城门、巡逻城墙。

斯巴达克思的禁令，把台梅斯城中的居民吓坏了。他们认为这一措施会使克拉苏立刻采取长期围困和封锁的办法来对付角斗士，那就会使居民们遭到极大的危险和灾祸。居民们已经预见到缺粮和饥饿所引起的一切恐怖。

斯巴达克斯就利用了这种恐惧的心理。因此，当台梅斯城当局的代表愿意用武器、粮食和大量钱财作为报酬，请求角斗士首领率领军队离开的时候，斯巴达克斯就回答他们：只有一个办法可以使他们免除围城的恐怖和饥饿的威胁，他们必须收集城中所有的渔船、划子以及各种小船，尽可能迅速地把它们集中到他的骑兵队和三个军团驻扎的海岸边。此外，他们也必须把城中所有会造船的工匠和一切造船的材料派遣和运送到那边去，以便色雷斯人建造一整队船舶，把他的部下渡到西西里海岸边去。只有这样，才能使城中居民免除长期封锁的威胁和战争的恐怖。

台梅斯城的当局、贵族和全体居民对这一条件立刻表示同意。于是，几百名工匠很快来到海岸边，他们在几千名角斗士的帮助之下开始建造船舶。那队船虽然不大，它们的数量却是很可观的。

于是，在一周后，斯巴达克斯终于把他的军用船统统运到尼科台拉去了。在这一时期内，除了他自己和骑兵也乘船离开的最后一个晚上之外，他每晚都要命令四个军团去袭击敌人；这样，就吸住了罗马人的注意力，使他们以为起义军们并不准备离城到任何地方去。

当斯巴达克斯和玛米里乌斯的骑兵队乘着船驶到离海岸好几英里以外的地方时，台梅斯的居民方才把消息报告了克拉苏。

克拉苏愤怒极了。他咒骂台梅斯的居民们，说他们竟怯懦得不敢派一个人来把角斗士军队准备逃走的消息预先通知他；而现在斯巴达克斯都脱离了他的掌握，战争的火焰将以新的力量熊熊燃烧起来；尤其糟糕的是：他本来认为战争可以马上结束，而且已经使罗马也相信了这一点。

他在强迫怯懦的台梅斯城的居民缴出一大笔罚款之后，就在第二天命令大军拔营向尼科台拉进发。

这边厢斯巴达克斯一到尼科台拉，在当天拂晓就率领角斗士的军队出发了。他们经过二十小时的行军来到了斯齐拉，在斯齐拉城附近扎了营。

第二天，斯巴达克斯又向勒金出发；他一路上号召奴隶们武装起来，并且在勒金附近占领了险要的阵地。在这里，克拉苏终于追上了起义军。斯巴达克斯当即下令立刻挖掘外壕和树立防栅，以便在克拉苏到达时筑成一座角斗士的不可接近的坚固营垒。

克拉苏急跑慢跑地赶到了，这一次他小心翼翼地派出斥候四方侦查，在确定没有任何起义军的埋伏后，才决定率领大军现身。他强迫斯巴达克斯主动出来决战，否则就叫他绝粮饿死。为了达到这一目的，他决定构筑一道不愧是罗马人建造的、规模极其巨大的长垒，再在边上挖出巨大的壕沟，准备围死起义军。

这道长垒横越布鲁丁半岛地峡，贯穿直至第勒尼安海和亚得里亚海，足足有三百斯太提乌司长（约六百四十千米）。同时，沿着这个长垒的，还有一道极其惊人的、足十五步阔和深的巨型壕沟。

“我偏不信了！斯巴达克斯，你还长翅膀会飞了不成！”

当克拉苏的十万名兵士以空前未有的勤奋精神建造规模宏大的工事时，斯巴达克斯把投奔他的布鲁丁省起义奴隶组成了两个新的军团，而且进行了军事训练；同时，他早就想出了如何突破这道封锁的长垒，使克拉苏的努力和远见成为笑柄的办法。

“告诉我，斯巴达克斯，”当罗马人的工程进行到第二十天时，色雷斯人心爱的战友阿尔托利克斯问他道，“告诉我，斯巴达克斯，难道你没有看见罗马人已经把我们关进捕笼了吗？”

“你怎样想？”

“我看到他们建造的长垒已经完工了，我们就像笼中的鸟儿。”

“那是他们这么认为，我亲爱的阿尔托利克斯，别告诉我你也这么想。当年在维苏威山的时候，可怜的克洛提乌斯·葛拉勃尔也以为他已经把我们关在捕笼里了。”

“但是再过十天我们就要绝粮了。”

“谁绝粮？”

“我们。”

“在哪儿？”

“这儿。”

“可是谁又对你说过十天以后我们还要待在这儿呢？”

阿尔托利克斯低下头不作声了。他好像在为自己竟敢下决心对这位目光远大的统帅提了意见而感到惭愧似的。斯巴达克斯温柔地望着这个年轻的小伙子。

“你这样提出意见很好，阿尔托利克斯，那使我记起了我们粮食储备的情形。但是你可以不必担心，我已经想出了一个我们可以采用的对策，那会使克拉苏留在他那可怕的长垒旁做一个大傻瓜。”

“可是我们必须承认，这个克拉苏是一个老练的统帅。”

“他是这三年来与我们作战的统帅中最老练的一个。”斯巴达克斯答道，但过了一会儿他又加上一句说，“可是他也不能够征服我们。”

“只要你还活在世上，就没人可能征服我们！”

斯巴达克斯笑了笑，拍了拍阿尔托利克斯的肩膀：“现在给你个任务，去看看我的妹妹密尔查。让我最得意的将军告诉我最爱的妹妹，一切尽在掌握之中。”

阿尔托利克斯立刻羞红了脸，他用弱不可闻的声音答了斯巴达克斯一句，然后有些扭捏地走开了。直到小伙子离开，色雷斯人才让自己的笑容露出一丝悲苦。

“对不起，阿尔托利克斯，我也不过是一个人罢了。”

这时，一个百夫长走了进来，说是三千名由达尔马西亚人和伊利里亚人组成的掷石兵队伍，从罗马的营垒里来到角斗士营垒的中军营门前面，坚决要求斯巴达克斯把他们编入他们同国人的军团。

斯巴达克斯考虑了一会，没有立刻回答这三千名逃兵的要求。也许，他怀疑他们，但也许，他认为把这批投降的人当作勇敢的战士接受下来，对角斗士们来说是一个很不好的例子。因此，他走到营垒前对他们说，抛弃自己旗帜的兵士是可耻的，帮助敌人阵营中的逃兵，并把他们编入自己的队伍，对一个可敬的统帅来说是不光荣的；同时对他的战士们来说，如果把背叛自己战旗和军队的人编到被压迫者的队伍中来，就是开了一个很糟糕的先例，那对起义军队是有害的。因此，他拒绝了这批兵士的要求。

在这事情发生后一星期，那天十夫长和百夫长们在黄昏时分走遍了所有角斗士的帐幕，传达了斯巴达克斯的命令：叫大家不听号声就静悄悄地拔营。骑兵队早就奉了角斗士首领的命令带着斧头到附近的树林中去砍伐树木了。他们已经在黄昏时用战马驮了许多树木来到营垒里。

第一支火炬燃着后一小时，斯巴达克斯下令在营垒里燃起一堆堆的篝火；接着，他就利用恶劣的气候。这一带已经下了整整两天的滂沱大雨，到了那时候又不断地下起夹雪的雨来。在这漆黑的夜和尖厉的风声中，他们静悄悄地接近了克拉苏下令掘壕的地方。这段壕沟的前沿，垒墙还没有建筑起来。斯巴达克斯就下令把他的骑兵队运来的树干统统投掷到壕沟里，接着，六千名战士又把早就准备好的六千袋泥土投到这些树干上面。这样一来，就有很长的一段壕沟完全被填没了，角斗士的队伍就无声无息地从上面溜了过去；他们接到斯巴达克斯的命令，不管风雪怎样狂暴，都还是毫不停留地直向考隆尼亚前进。

斯巴达克斯亲自率领骑兵队埋伏在罗马人营垒附近的树林中。到了第二天中午，当几个罗马军团从营垒中出来到附近的村子里去征粮时，他们就突然冲到罗马人的队伍中，在半小时之内消灭了四千余名敌兵。

罗马人不禁大吃一惊，他们发觉前一天似乎已被他们封锁在大海与长垒之间的敌人，竟突然出现在他们的眼前，威胁了他们的后方。但是，当大批罗马军队拿起武器赶上去援救那几个被打得七零八落的军团时，色雷斯人早已率领他的骑兵队向考隆尼亚飞也似的跑去了。

“发生了什么情况？”一系列慌乱终于惊动了克拉苏。

“报告将军……斯巴达克斯……他，他和他的起义军……跑了！”

“什么！不可能！除非他们会飞！”

“将军，真的，千真万确，我们怎么办？！他们还消灭了我们整整一个军团！”

“啊！”玛尔古斯·克拉苏一拳打在一个亲兵的盔甲上，鲜血从他的手中流出，“我一次又一次地抓住他，可他去一次又一次地逃了出去；我打垮和歼灭了他的好些军团，他却聚集起新的军团，用更大的力量向我进攻；我公开宣布战争就将结束，战争的火焰却反而比以前燃烧得更旺了！伟大的神啊！他不是人……他不是人……他不是人！他是一只恶魔，他是地狱的使者，是一只不知餍足的、用活人当点心的人形的恶狼！诸神啊！救救我吧！啊！”克拉苏发出一声凄厉的惨叫，顿时昏死过去。

“去……去……找恺撒……庞培……米达……梯……斯……”

共和国人物故事卷：

复仇女神

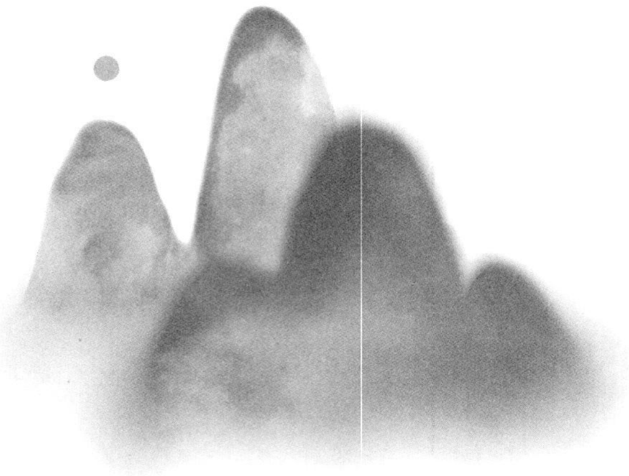

阿尔托利克斯受伤了。

当起义军在斯巴达克斯的号令下冲出克拉苏那道史诗级的壕沟时，自愿殿后的阿尔托利克斯还是被罗马人射中了三箭，当时就从马上栽倒下来。幸得部下奋力抢救，现在终于脱离了危险。

斯巴达克斯在当夜就命令营垒里最好的医生前去阿尔托利克斯的帐篷，好在医生说，这位英勇年轻的高卢小伙子已经无大碍了，多休息就好了。

“斯巴达克斯，我的领袖，我要是能和你一样强大、英勇就好了。”

“阿尔托利克斯，什么都别说，如果我们的每一个战士都如同你一般，现在我们可能早就已经进了罗马城。”

“斯巴达克斯……”

色雷斯人按住了高卢小伙子的肩膀摇了摇头，“现在，我给你的任务是，好好养伤！其他什么都不管。我会找最好的人来照顾你。”

阿尔托利克斯感激地点了点头，正要放松躺下，他营帐的门帘却被拉开了，一个穿着由无数闪闪发光的三角形和棱形钢片编制而成的精致盔甲的小巧身影钻了进来。

“哥哥，你找我？哦……天呐！阿尔托利克斯，你怎么了？”

“噢，密尔查，你来了！我现在要给你一个军事命令，你必须给我好好完成，”斯巴达克斯站起身来，坚毅的脸庞掩饰不住一股醉人的笑意，“照顾我最亲爱的战友，阿尔托利克斯。让他开心快乐，马上好起来。”

说完，斯巴达克斯看也不看两个满脸羞红的年轻人，大笑着径直走了出去。

密尔查轻轻走到阿尔托利克斯的床边，缓缓蹲下，悄悄拉住阿尔托利克斯的一根手指，“你怎么样了，还疼吗？”

阿尔托利克斯看着密尔查，一时呆住了。良久，他的眼睛里闪烁着温柔的火焰，挣扎着想要坐起：“不疼了不疼了，我尊敬的密尔查，当我一看到你，当我一感受到你对我的关心时，我就不疼了。我庆幸这场受伤，它让我得到了我梦寐以求的你对我的关心。”

“我在问你还疼不疼呢……”

“真的不疼了，你的到来绝对比得上这里的，再加上全罗马的医生。看，我已经好了呢！”

“那……我可走了啊。”说完密尔查有些生气地想站起来。

“别！不要！诸神在上，请不要！”密尔查正欲站起来的动作让阿尔托利克斯十分恐慌，可怜的高卢小伙子着急着想站起来拉住他的色雷斯姑娘。这一强行的动作，导致他胸膛上的伤口重新撕裂了开来，鲜血隐隐从包扎处渗出。突如其来钻心的疼痛瞬间抽干了阿尔托利克斯所有的力气，他重重地跌回床上开始大口喘气。

“阿尔托利克斯！”这一变故吓坏了密尔查，她赶忙紧紧握住阿尔托利克斯的手，“你怎么样？为什么你要这么对我，对你自己……你难道看不出我内心有多么悲伤吗？我求求你，不要再伤害自己了，也不要再伤害我了……”

“密尔查，你别走好吗？求求你……”

“我不走，我不走。”

两个人都在伤痛中剧烈地喘息，直至许久后，才渐渐平复下来。

“密尔查……”

“阿尔托利克斯，什么都别说了。”

“不！密尔查，如果你心中还对我有半点慈悲的话，就请你听我把话说完。”

密尔查不作声了，她低下头，轻轻握住阿尔托利克斯的手。

“密尔查，你应当告诉我，你应当向我揭露这一使你极其悲痛的秘密。是什么阻止了我俩的相爱？你已经苦苦地隐瞒了我两年。你应当让我分担你那秘密的哀痛，因为它不但折磨了你，也同样地折磨了我。啊，密尔查！……如果你的心灵中还有一丝慈悲的话……如果你高贵的品性和宽宏的器量跟你非凡的美貌十分相称的话，今天你就一定会向我公开你的秘密；因为这一秘密使你拒绝接受我的忠诚和热爱，抢走了我跟你的热吻。密尔查，你得明白，我是全心全意地爱你的。我对你的爱情是温柔而又热烈的！我不想，我不想直到我战死的那一天，都要抱着这样的遗憾。”

“阿尔托利克斯，求你了，不要谈死亡好吗？你应该永远好好地活着……活得比任何一个罗马人都要久……”

“我不是懦夫！在战斗的时候我永远站在前面，撤退的时候我永远留到最后才走。我有一个坚强不屈的心灵，我的心中不能容纳卑劣、下贱的感情。我不怕死，尤其每逢到最危险的紧急关头，我不怕死！我的母亲曾经教导过我，要把死亡看作是我们灵魂的真正生活的开始，我觉得这是对的，这一切你也都明白，但是，你瞧，现在的我却像孩子一般哭泣起来了……”阿尔托利克斯并未哭泣，但他脸上的绝望却犹胜那日被克拉苏的壕沟墙垒围困，“我的神圣的、可敬的密尔查啊！听我说，我哭的这些泪水，都是从我的心坎中流出来的，这是由于我对你的爱。相信我，这些泪水对我来说是亲切的，我感到非常幸福，在这儿，跟你在一起……我注视着你那悲哀的天蓝色眼睛。那好像镜子一般反映着你那高贵的灵魂，你这对眼睛正脉脉含情而又亲切地注视着我呢。密尔查，如果你真想让我死心，那就大声告诉我，‘放弃吧阿尔托利克斯，我早已心有所属’。”

“不！”色雷斯姑娘浑身仿如通电般颤抖，她摘下头盔，将手甲拿下丢到一边，举手发誓，“我不爱别人，从来没爱过别人，将来也不会，除了你！”

“密尔查！那为什么？为什么！”这一次，眼泪终于从阿尔托利克斯那燃烧着火焰的眼睛里缓缓流出，“告诉我为什么？！”

密尔查早已泣不成声，情不自已的她好像鼓足了全身的勇气，直视阿尔托利克斯的眼睛哑着嗓子喊道：“因为……因为我是个奴隶啊！我早已不洁，如何能和你在一起！”

阿尔托利克斯如释重负地松了口气，笑着说：“傻姑娘，在这里，我们谁不是？谁现在又是？谁在意曾经是？我对你的爱就如同你对我的爱一样，无论过去、将来，不会再有变化。”

密尔查终于再也忍受不住了，她扑向阿尔托利克斯，将脸紧紧埋在他的胸膛啜泣。阿尔托利克斯不可察觉地皱了皱眉头，伤口又裂开了，但他什么声音也没有，只是紧紧地抱住怀里的姑娘。

而在另外一处，爱芙姬琵达无比的愤怒而又焦躁。一方面是她被克拉苏从军队里面赶了出来；另一方面则是她认为克拉苏的一系列失败，正是因为对她的不屑。

这个恶毒的女人，竟然沉溺在了一次次对他人迫害所造成的痛苦的沾沾自喜中。

于是，为了再次取得克拉苏对她的信任，她决定给这位罗马将军献上一个重要的礼物。

数日前，爱芙姬琵达命两个从大兰特带来的奴隶，按照她的嘱咐配好了一种褐色的油膏，并连续几天都用这种油膏擦手、脸和脖子。现在爱芙姬琵达已变得认不出来了，她很像一个地道的埃塞俄比亚黑种女人。她换上了一身女奴隶的装束，用一条宽阔的带子把她那头微微盖住了耳朵的红发束了起来。她开始习惯用手捧着一只双耳水瓮，这使她很像一个出去取水的女奴隶。

用这一身假扮的装束，爱芙姬琵达很轻易地就混进了起义军目前所驻扎营地周围的地区。在这里一个供奉赫克里斯的精致神庙里，她得到了一个使她欣喜若狂的信息。

神庙的老祭司告诉她，最近常有一个金头发蓝眼睛的小姑娘，穿着一身军装，手里捧着各色贡品来这里，为她的哥哥和爱人祈祷。

爱芙姬琵达一听就知道，这个人一定就是斯巴达克斯的妹妹，密尔查。

一个大胆且可怕的计划在她的心中诞生。如果她设计杀死了密尔查，并带着她的头颅去求见克拉苏，那么她将再次得到这位集权势和金钱一身的罗马元老的重视。

为了确保大祭司说的是实话，爱芙姬琵达强压住内心中的狂喜，每日都小心翼翼，悄悄地来神庙查看。果然，在某一天的晨曦下，她的眼睛证实了她的猜测。来供奉的，就是斯巴达克斯的妹妹密尔查。

于是，爱芙姬琵达就在当夜用清水洗净了身上的褐色油膏，穿起罗马贵族的战裙来到神庙中求见老祭司。

这个老祭司是波季提乌斯族的后裔，当他见到爱芙姬琵达换上罗马贵族的战裙时，几乎就要欢呼起来。老祭司以为，是罗马某位贵妇来了。他一面跟她谈论着这场战争所造成的可悲时局和种种恶果，一边特别提到宗教，人类幸福的唯一源泉，也被人们抛弃了。老祭司确信，古代的意大利人从来就是以虔诚敬神著名的，因此萨杜尔纳斯、朱庇特、马尔斯、朱诺、采莱尔、赫克里斯、雅努斯等神就慷慨地赐福给他们，庇佑他们，但到了现在，怀疑主义与伊壁鸠鲁主义愈来愈深入人心，人们非但不再祭祀大神而且还要嘲弄祭司；神被人们这些不信神的行为激怒了，因此使他们遭受公正的天谴。因此，按照这位最仁慈的波季提乌斯的后裔的说法，近三四十年来把意大利搅得昏天黑地的一切战争、屠杀和叛乱，并不是由于什么别的原因，恰恰就是由于这些愤怒了的神的意旨的明显表现。

爱芙姬琵达装出一副唯唯诺诺的样子表示同意，同时装出一副天真纯朴的态度，不时发出惊叹声并提出好些狡猾的问题来鼓励这个饶舌的祭司。爱芙姬琵达这一系列的言语，很快就让她自己取得了老祭司深深的信任。

事情很明显，不论是当时还是现在，这个老祭司也如同一些时代、宗教、民族中的那些并不如此虔诚的祭司们一般，是为迷信服务的伪善者。他们对那些愚蠢无知、受骗的善男信女的虔敬程度，完全是根据他们带到庙中祭神的牺牲和祭品的多寡来判断的；因为不论是奉献给这一位给还是那一位神的祭品，都是落到那些伪装成圣洁的神职人员、实际上是茹毛饮血的禽兽那喂不饱的肚子里去的。

“我们这所奥列佛利乌斯·赫克里斯神庙在鲁康尼亚、布鲁丁一带是非常有名的，但是已经整整二十天没有一个人到这儿来祭神了……”老祭司叹着气说，“还好，旁边起义军营垒里的一个姑娘，好像是希腊人，曾经带了牺牲到这儿来过两次……她非常诚心，非常虔敬，而且长得非常美貌。愿诸神护佑，让这样的人儿在战争中活下去吧！”

“是啊，的确是这样……信徒必须在女人中间找，妇女们常常最有一颗虔诚的心了。”爱芙姬琵达欢快地说，她此时的欢快并不是装的，而是真的喜悦，因为她知道，那个貌美的女孩，就是密尔查，“所以，我想见见这位可爱的姑娘。您一定知道她下一次供奉是什么时候来吧？”

“这个嘛……”老祭司有些贪婪地看了看爱芙姬琵达身上那套昂贵优雅的铠甲。

这一动作马上就被爱芙姬琵达捕捉到了。她微笑着从怀里掏出了十五个泰伦脱金币放在老祭司的手心里，“光明磊落的艾乌斯·斯顿狄乌斯大祭司，您对今天这个日子会感到满意的！我还希望从您这里借走两个强壮的奴隶，好吗？”

“好说，好说！”大祭司连忙收好金币，然后他即刻叫来了两个身材魁梧的卡帕陀西亚人奴隶，“你们俩这几天就跟着这位罗马贵人，一切听她的指挥，明白了吗！”

就这样，爱芙姬琵达毫不费力地就带走了这两个奴隶。在树林里，她悄悄告诉这两个卡帕陀西亚人，自己是从罗马的将军克拉苏那里来的，目的是暗杀一位在这里出没的起义军重要人物。爱芙姬琵达警告两个奴隶，此事不得对任何人、包括老祭司在内，透露出半点风声。只要事成，她就能送他们去军营里面做一位战士，而不是在这里当一个悲惨的奴隶。

两个奴隶当然连声说好。于是，在几天后，也就是爱芙姬琵达从老祭司那里得来的，密尔查即将前来祈祷的日子。她命这两个奴隶在路旁的冬青树丛中埋伏起来，自己则悄悄前往冬青树丛前面两箭远的一个起义军前哨哨所附近侦查。

“喂，艾尔齐顿，”一个奴隶用卡帕陀西亚土话对另一个低声说，“我们必须活捉那个女人。”

“如果可能，我们就照办，阿斯古巴尔。”艾尔齐顿答道。

“我也这么说……如果可能就照办。”

“因为，老实说，如果她用短剑或者匕首抵抗，我只要两下子就可以解决她；但是，我们既然可以在这儿听得见起义军们的话声，他们也一定可以听到这个女人呼救的声音。”

“自然，他们一听见喊声，只要几秒钟就可以跑到这儿，那时候我们就完蛋了；从这儿到起义军的哨所统共只有两箭远，可是从这儿到我们的营垒里却要远上一千倍。”

“我对朱庇特发誓，你说得对！这可使我害怕起来了。”

“我对这一点已经考虑了一个多钟头。”

两个卡帕陀西亚奴隶都沉默了，他们苦苦地在那儿想。

突然，在风吹树丛的瑟瑟声中传来了一阵清楚的脚步声；在离开他们埋伏的地方不远的灌木丛中，有一个人走过来了。

“哪一个？”阿斯古巴尔和艾尔齐顿齐声拔出短剑低声喝道。

“不要作声，”一个女人的声音说，“是我，爱芙姬琵达……我正在附近察看……你们用不到注意背后，只要留心前面的大路。”

爱芙姬琵达走到两个卡帕陀西亚人附近低声说了几句，接着就一直向冬青树丛里走去。过了一会儿，两个奴隶除了一阵阵喧闹的风声之外就什么也听不到了。

阿斯古巴尔和艾尔齐顿沉默了好久，最后阿斯古巴尔用很轻的声音对他的同伴说：

“艾尔齐顿！”

“怎么样？”

“你知道我在想什么？”

“是不是这事情比我们起先所想象的困难得多。”

“我也这么想，但是我刚才想的是怎样才能使我们从这危险的境地中安全地脱身。”

“你说得对！你已经想出了办法吗？”

“似乎想出来了……”

“好啊，说吧。”

“当那女人走到离开我们十五到二十步远的地方，我们就对她射去两支箭。一支对准她的胸口，另一支对准她的脖子……你可以相信我，她连喊也不会喊一声的。你觉得这办法怎么样？”

“好汉子阿斯古巴尔……这办法不坏……”

“如果她还挣扎，那就让我们再加上一箭。”

“想得真好。”

“我们就这么办。”

“就这么办。”

“艾尔齐顿，你在二十来步远的地方完全有把握射中她的胸口吗？”

“完全有把握。那么你能射中她的脖子吗？”

“你瞧吧。”

两个卡帕陀西亚奴隶都紧张地倾听着，而且在准备好了弓箭以后，便默默地动也不动地站在那儿。

这时的爱芙姬琵达感受到了一股莫名的焦躁，仿佛在催促曙光女神赶快降临人间似的，正在附近逛荡。她迫切地希望密尔查快点到神庙里来。爱芙姬琵达觉得时间简直是无穷无尽的；她从冬青树丛中出去五六次之多，几乎每一次都一直走到起义军的哨所跟前才转回来；她发觉，地中海的热风经过整夜地吹刮，风势渐渐地减弱了，最后完全平息了。她向远处纵目望去。遥远的阿平宁山连绵不断的岗峦峰岱已经显现了轮廓，她发觉山后面浓密的乌云已微微地染上了极淡的橘黄色。她轻松地吐了一口气，那是预报曙光女神将要来临的最初的一批使者。

她又向通庄院的大路瞥了一眼，接着，小心翼翼地向起义军的哨所走去。但是，她还没有走上两百步，突然听到有人用低沉、可怕的声音迫使她停了步，然后对她喝道：

“哪一个？”

这次是起义军的巡逻队。他们按照军队中的老规矩，在拂晓时出来巡查哨所附近的地区。焦躁让爱芙姬琶达忽略了这一细节，导致她被发现了。

被发现的爱芙姬琶达立刻转过身子，准备悄悄地快速地溜到树丛中去。这一举动立刻被巡逻队发现了，他们马上向爱芙姬琶达隐没的地方跑来。逃的人和追的人一会儿就接近了两个卡帕陀西亚奴隶埋伏的冬青树丛，他们正拉着弓在那儿紧张地等候着。

“你听见脚步声了吗？”阿斯古巴尔问艾尔齐顿。

“听见了。”

“快准备。”

“我立刻要射箭了。”

刚降临的曙光已经开始驱逐黑夜的昏暗，但是两个奴隶还是分辨不清来人的面目。他们只看见一个身材矮小的战士装束的人很快地向他们跑来。

“正是她。”阿斯古巴尔用好容易才能听得出的声音对艾尔齐顿说。

“不错……身上披着铠甲……还有头盔……身材又这么矮小，那一定是个女人。”

“一定是她……是她。”

这时两个卡帕陀西亚奴隶对准那个女人同时放开原先紧扣着的弓弦。两支箭嗖嗖地飞了出去，一支穿透了爱芙姬琶达雪白的脖子，另一支穿过了白银铠甲，正中她的胸脯。

一阵尖厉而又长久的撕人肺腑的惨叫，紧接着传了过来。同时，阿斯古巴尔和艾尔齐顿听到了好多人跑来的脚步声和哨所中传来的雷鸣般的喊声：“准备武器！”

两个卡帕陀西亚奴隶立刻转过身子，向罗马营垒那边飞也似的逃去。追来的十夫长和四个起义军被爱芙姬琵达的身子挡住了去路。她一下子倒在地上，现在正伸开四肢躺在一大摊鲜血中。那些血是从她的伤口中流出来的，尤其是从她脖子上流出来的特别多；因为阿斯古巴尔的箭刚巧射中了她的颈动脉，把这根大血管射断了。

爱芙姬琵达大声呻吟着，发出嘶哑的响声，却不能说一句话。

起义军们连忙弯下身子查看这倒在地上的人，然后把她扶了起来。五个人就一起问她是什么人，是怎么受伤的。

这时候，太阳已经出来了。起义军们把爱芙姬琵达扛到路旁，让她背靠着一棵橡树的树干。他们拿掉她的头盔，只见浓密的红发纷纷地披散到她的肩上，他们立刻异口同声地叫道：

“是个女人！”

他们一起向她弯下身子，查看她的死白的脸。一个日耳曼战士很快就认出了她来，惊叫道：“我对地狱所有的恶魔发誓！她就是害惨了艾诺玛伊的爱芙姬琵达啊！”

这时候哨所里一中队起义军也赶到了。大家团团围住了受伤的人。

“她就是爱芙姬琵达？该死的叛徒！”一个百夫长走了过来，他严厉而又阴沉地问道，“你在这儿干什么？这么早你来干什么？谁射伤了你？我简直什么也不明白！但是根据已经发生的这些情况看来，我想你一定又在布置某种新的可怕阴谋，可是你自己怎么反而成了这一阴谋的牺牲者？”

从爱芙姬琵达紫色的嘴唇中发出了更可怕的呻吟；她用手指着起义军们，想叫他们走开。

“不！”百夫长一面咒骂她，一面说道，“你用你的恶毒的阴谋使我们四万个弟兄送了性命……我们必须指出你所犯的狠毒罪行；必须使你的痛苦变得更加可怕，我们要用这一点来安慰我弟兄们的冤魂！”

爱芙姬琵达的头垂到了胸前。如果不是听到她那急促的呼吸，人家还以为她真的死了呢。

这时候派去追逐凶手的五十个起义军，统统气喘吁吁地跑回来了。他们抓来了艾尔齐顿；这个卡帕陀西亚奴隶大腿中了箭倒在地上，因此做了起义军们的俘虏；但是阿斯古巴尔却逃脱了。

卡帕陀西亚人供出了他所知道的一切，这时候起义军们才明白了事情的真相。

“发生了什么事情？”突然传来了一个女人的声音。

说话的人就是密尔查，她终于来了。

“狠毒的爱芙姬琵达替你准备的箭，由于神的干涉——也许就是赫克里斯庇佑了你——反而射死了她自己。”百夫长一面回答，一面给密尔查让路，以便她能走到人圈中来。

爱芙姬琵达一听到密尔查的声音就立刻抬起头来，用她临死的、充满了憎恨和绝望的眼光注视着色雷斯姑娘。爱芙姬琵达的嘴唇痉挛地扭歪了，她似乎想说些什么；她伸手张开五指向密尔查抓去，好像想抓住密尔查似的；她使出最后的力量奋身向前一扑，随即发出一阵临死的呻吟，闭上了眼睛；她的头直撞到树干上，接着，这个已经断气的毫不动弹的希腊妓女，就一下子扑倒在地上了。

“这一次捕鸟人反而自己投入了大网！”百夫长一面叫密尔查和其余的同伴跟着他回去，一面叫道。于是大家抛弃了那具使人切齿痛恨的死尸，默默地走了。

此时，一阵尖利急促的军号声突然从四面八方同时响了起来！所有起义军的脸上都显现出了一种惶恐而苍白的脸色。

这是最危急的时刻才会响起的紧急集合的号声。在这三年里，从来未曾响起过。

斯巴达克斯一脸严肃地出现在所有起义军的面前，将军场上鸦雀无声。

“我刚刚得到线报，罗马元老院急招庞培元帅从北意大利率领二十万大军回撤；恺撒从埃及率领二十万大军回撤；驻守在刚刚被罗马征服的米达梯斯的远征军十七万回撤，由卢古鲁斯执行官率领；同时由罗马城本部再征兵十个军团驰援克拉苏；令普勃利克拉率领拉丁省的各驻军共二十六个军团向克拉苏靠拢，”斯巴达克斯的眼神扫过在场的每一个起义军，“我所有的最英勇的弟兄们，最后的时刻就要来临了。”

共和国人物故事卷：

薪灭火传

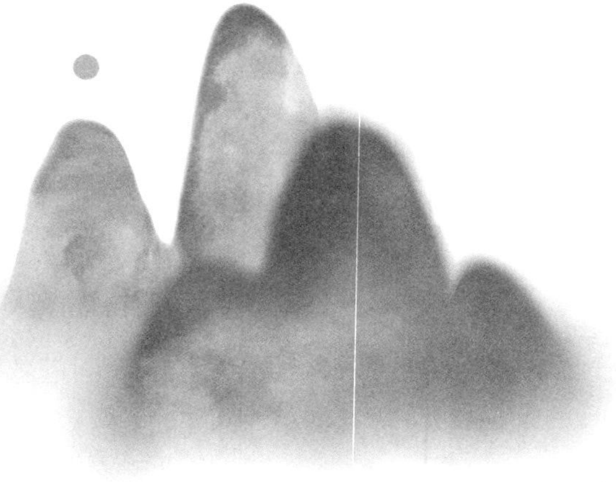

玛尔古斯·里齐尼乌斯·克拉苏将军，请接受斯巴达克斯的敬意。我觉得有必要跟您在离双方营垒各十英里的地方会晤。在奥庇达通西里维亚的大路旁有一座属于维纳西亚贵族季杜斯·奥西里乌斯的别墅。我已带了三百名骑兵在别墅里等候您了。您能带领同样数目的骑兵来这儿吗？我诚挚地向您提出这一建议，希望能获得您同样诚挚的同意。

——斯巴达克斯

“轰！”电闪雷鸣，暴雨不断。克拉苏手里捏着斯巴达克斯的信，面对着地图，沉默地矗立在那儿。

“将军，无可否认，斯巴达克斯是足以媲美罗马史上任何一位伟大统帅的领导者。此刻突然地要求和谈，必定是因为他的精力已快要耗尽。此时的我们，应当立刻驳回议和，并与他决战！”

克拉苏没说话，他举手制止了亲卫卡图的发言。

“告诉斯巴达克斯，我以一位罗马公民的荣耀起誓：我会像他信任我一样信任他。三日之后，我将亲自带领三百骑兵在约定地点与他会面。”

“轰！”电闪雷鸣，暴雨不歇。

……

“斯巴达克斯大元帅！我们已经同时在梅台拉和勒金取得了重大的战果，这使得我们面对克拉苏拥有了极大的优势。此时此刻，您却选择不带领我们趁此强袭罗马而是和那个罗马暴徒谈判？斯巴达克斯！你是被庞培之名给吓怕了吗？我告诉你，你怕了，我康尼克斯可不怕！你要是真的去和那个罗马人谈判，我现在就和卡斯杜斯带领六个军团，强袭罗马！”

“轰！”光雷奔涌，暴雨磅礴。

“阿尔托利克斯，我们的营盘暂时交给你来指挥。康尼克斯如果执意要走，你便不用阻拦，让他去！葛拉尼克斯，带领骑兵队跟我走。和谈，必须，继续！”

“轰隆！！！”

……

三天后，暴雨并未减弱，季杜斯·奥西里乌斯的别墅前，午时。

克拉苏来了，按时赴约的他，遵守了协定，只带了一队骑兵来到这里。起义军骑兵团统帅葛拉尼克斯亲自在别墅的栅门旁迎接了罗马的将军。

葛拉尼克斯向克拉苏表示了应有的敬意，然后领着他穿过别墅的前院和穿堂，循着走廊来到一个小小的画廊里。斯巴达克斯一听到纷乱的脚步声就在门旁出现了。他做了一个手势命令其余的人离开，退到画廊里，让路给这位罗马的统帅，并举起右手在嘴唇上一按表示欢迎。

“您好，光荣的玛尔古斯·克拉苏！”

“您好，起义军的领袖，最伟大的角斗士，自由的战士，英勇的斯巴达克斯！”

两位统帅先互相恭恭敬敬地行礼，然后面对面地站着，互相打量起对方。

起义军首领的身材比这位罗马贵族高出整整一个头，他的脖子、头和巨人似的身躯是强壮而又威武的。他那一头耀眼的金发，宛如日出东方的太阳一般耀眼，直刺破这阴寒凄冷的暴雨天。

罗马的将军，则是一个略微发胖的中等身材的人，他的脸庞是罗马人标准的轮廓分明的粗骨骼黑脸。他脖子很短，肩膀宽阔肥大，双腿虽然结实，但膝盖却因长久的坐姿而微向外弯曲。但这一切的缺陷都不足以掩盖这位将军那庄严的气势和只属于罗马贵族的骄傲。

“克拉苏将军，您说说看，您不觉得这战争拖延得太久了吗？”

斯巴达克斯首先打破了这一沉寂的局面，他用温和的声音问克拉苏。

“是啊，拖延得太长久了。”

“您不觉得我们应该结束这一战争吗？”

“那么，阁下想用什么办法结束呢？”

“停战协议。”

“停战协议？”克拉苏诧异地反问。

“是的，将军，停战协议。”

“哦？那么，你想用什么方式来达成‘停战协议’呢？”

“就跟以往交战双方的方式一样。”

“哦，你的意思是，就像与汉尼拔将军或者米特里达梯王一样吗？”

“为什么不呢？”

“因为……因为……难道你认为你也配算是跟我们交战的对

方吗？”

“我们有好多聚集在一起和罗马暴政作战的民族。”

“原来如此，原来如此。我对讨伐之神马尔斯起誓，你们不过是一大群妄想对你们合法的主人造反的卑贱奴隶。而这群站起来的奴隶，却妄图和伟大的罗马达成‘停战协议’！”

“我们必须纠正你的说法，我们并非奴隶，尤其绝不卑贱。我们有属于自己的民族，还有自己的家乡。我们有着自由的信仰，并愿为之一搏。”

“那么，好吧，伟大的‘自由领袖’，你既要像汉尼拔或者米特里达梯王一般跟罗马谈判，那么就告诉我，你想获得哪些省份呢？你想得到什么样的军事赔款呢？”

“我不需要你们的赔款，也不需要你们任何一个省。只要让我所有的弟兄们获得自由人的身份，并让他们各自回到自己的故乡，我们便立刻放下武器。”

“愚蠢至极！唯有罗马人才配获得自由。”

“不，那是因为，生在罗马而承袭下来的拉丁民族的骄傲的你，不能懂得这一番带有偏见的话不仅是加到我个人和我的战友身上的极大侮辱，而且是对整个人类和所有的神的极大侮辱；因为你认为除了你们自己之外，世界上一切民族都是下等的民族。而这，已是违背了神的旨意。”

“放弃抵抗吧！斯巴达克斯，你的力量已经耗尽了，你的军队，也已经油尽灯枯。我必须承认，你本应是罗马人，却在来到人间之时投错了胎。这样吧，我代表罗马，邀请你加入并成为这片土地上最高贵的子嗣，成为罗马的公民！你甚至可以挑选一百名最勇敢的战士和你一起，而剩余的人，则将听从元老院最高议会的审判。”

“既然如此，那么我们彼此都别无选择。战场上见吧，克拉苏。”斯巴达克斯一秒也没有犹豫地答道。然后，他向罗马人行了一个色雷斯的礼，就此转身离去。

“斯巴达克斯！你的命比所有的奴隶加在一起都要珍贵，你应当好好使用它，而不是如此糟践！庞培、卢古鲁斯、恺撒、普勃利克拉，还有我，共和国甚至不惜将远征米达梯斯的军队全数调回，你是毫无机会的！”

“克拉苏，你会敬畏一个抛弃与自己一同出生入死的兄弟的叛徒吗？”斯巴达克斯的语气反而显得格外轻松，此时此刻，他的轻描淡写却是显得如此的悲壮凄然，“终于，我们逼得你们要不惜一切代价，调动全国之力来对付了吗？”

克拉苏怔住了，好久，他向斯巴达克斯的背影行了一个罗马公民唯有面对执行官才会行的礼。

“那么，斯巴达克斯，战场上见了。”

“轰！”一道闪电劈在庄园的上空。暴雨，更大了。

……

“阿尔托利克斯，康尼克斯他们去哪儿了？”

“他们去了克拉苏的正前方，波里奥克斯高地。斯巴达克斯，我们得去救……”

“放心，康尼克斯和卡斯杜斯这两个鲁莽的人的计划，早已被我预见了。这也是为什么我叫你放心让他们离开。就让我们好好利用一下他们的英勇，并让罗马人教训一下他们的偏执和短视吧！”

克拉苏在和谈后，决定将自己率领的所有部队集合起来，回防罗马。这场战役到了这个时候，已经不再是罗马共和国某个人与斯巴达克斯之间的较量了。他现在所要做的，就是不惜一切代价拖住斯巴达克斯，等待来自四面八方的援军合围起义军。

这第一个撞在枪口上的，就是康尼克斯和卡斯杜斯一意孤行的部队。

于是克拉苏凭借人数优势，就在波里奥克斯高地与起义军这六个军团摆开了阵势，激烈地厮杀了起来。

康尼克斯身先士卒，勇猛非凡，但无奈罗马军拥有压倒性的人数优势，他的六个军团终究还是节节败退，行将崩溃。

关键时刻，早就埋伏好的斯巴达克斯突然率领起义军本部杀出，一下子打了克拉苏一个措手不及。起义军反败为胜，罗马人不得不在丢下一万七千具躯体后，撤出了波里奥克斯高地。

斯巴达克斯顺势就在这峻峭的高山上扎了营。康尼克斯痛苦地跪在斯巴达克斯的面前，抱住他的双脚忏悔。他祈求斯巴达克斯在带领他们攻入罗马并获得胜利后，一定要惩处自己。但在此之前，希望他还可以用活着的力气为伟大的事业效劳。

斯巴达克斯严厉地训斥了康尼克斯，并再次强调，起义军的强大，在于秩序和团结。至此，分裂的起义军再一次紧紧地团结在了一起。

在利用山岭的掩护驻扎的第四天晚上，斯巴达克斯和他的军队就趁着已经持续了一个月的雷暴大雨，悄悄地循着峻峭的山路向克拉罗蒙特强行军。

这一举动彻底瞒过了克拉苏。斯巴达克斯依然不敢久作停留，他立刻召集了他的军队继续行军。他们沿着极其峻峭的、长满了树丛的山路，向毕台里亚山区进发。

克拉苏发现自己被起义军甩开，已经是八天以后。惊怒交加的克拉苏立刻让副将斯克罗发带领六个最精锐的老兵团紧追斯巴达克斯，绝不能让起义军喘息，更不能让他们获取任何时间。他自己则率领另外两个军团及两个辅助团，包括车辆和辎重，日日夜夜地向修利爱赶去。一到了修利爱城，克拉苏又立即转向波顿梯亚出发。同时他派遣了好几个统领向附近地区征集兵士，组成了新的军团，并对所有参加他军队的人都许下了重赏。

克拉苏要一边黏住斯巴达克斯，一边用以命换命的方式，消耗他，拖住他。

谁承想，克拉苏的这一切举动都在斯巴达克斯的预料之内。起义军在他的带领下，正在打旋磨地行军。他们从克拉罗蒙特赶到诺伏卡斯特尔，从诺伏卡斯特尔赶到泰纳格尔，接着又从泰纳格尔赶回克拉罗蒙特。

此时的克拉苏还以为自己死死地黏住了起义军，却不知道，他早已经被斯巴达克斯甩开了去，而起义军的身边只剩下了罗马的副将斯克罗发。

而斯巴达克斯的目的，就是要吃掉这六个克拉苏麾下最精锐的、让他尝尽了苦头的老兵团。

还以为斯巴达克斯在一路退却的斯克罗发，在不知不觉中，被斯巴达克斯带到了卡茹恩特河畔。当斯克罗发看见那因连夜暴雨而使水位猛涨淹没大桥导致前路被阻后，他才意识到，中计了！

果然，早已经休整完毕埋伏多时的起义军，在斯巴达克斯的率领下，列成了密集的阵型。尽管斯克罗发麾下的六个军团，都是跟随过苏拉和马略的百战精锐，也因这连月的暴雨、泥泞的道路、无休无止的行军、湍急的河水和这最后的埋伏，耗掉了最后一丝力气。

罗马军再次惨败，六个最精锐的罗马军团，建制完全被打散，阵亡三万七千人，几乎全军覆没。斯克罗发本人披头散发、脸色惨白地逃向了修利爱城。

卡茹恩特河畔的大胜极大地鼓舞了起义军的士气。看着败退回来的斯克罗发，惊怒交加的克拉苏颤抖着再次执行了什一格杀令。然后，他率领匆忙征集来的四个军团，联合最后剩下的八万人，在卡茹恩特河后方的毕台里亚列阵。

克拉苏下令八万罗马军队横向展开并拉开纵深。他要用这八万罗马军人中每一个人的性命来拖延起义军的每一秒钟。

同时，斯巴达克斯这里得到了一系列可怕的噩耗，卢古鲁斯执行官已率领远征军于两天前在布隆海港登陆，现在已经进入了西西里；普勃利克拉执行官已经率队从罗马城出发，正向克拉苏靠拢；庞培已经越过了阿尔卑斯山脉，从北边逼近起义军；而恺撒也自埃及归来，从南面向起义军合围。

罗马元老院此时已经惧怕到了极点，最高议会颁布出极端旨意，尽共和国全力，围剿斯巴达克斯，务必不惜一切代价！

这是真正的四面楚歌、十面埋伏，此时的起义军，已经不是九死一生能形容的了，那已是“十死无生”。

斯巴达克斯在接到消息的当天下午，就用迷药灌倒了已有身孕的爱人范莱丽雅和妹妹密尔查。他派出自己最忠诚的几个亲兵，将他最爱的两个女人兼亲人化装改面，送到西西里岛。并设法将起义军反抗罗马奴隶制暴政的壮举传扬下去。

“不许回头，活下去，这是命令！”

亲兵们痛哭流涕，不愿离开。斯巴达克斯将短剑刺入自己最爱的那匹黑色战马的脖颈，并威胁道，如果他们不走，下一剑的目标，将是斯巴达克斯自己的脖子。

当斯巴达克斯做完这一切后，他召集齐所有的起义军，发表了他最后的演说：

“我所有的弟兄们啊！今日，即是我们自起义以来，最为危险、更是最为重要的时刻！我们的北面，是装备最精良的‘伟大的人’庞培；我们的西面，是罗马无一败绩的百战之师，米达梯斯的远征军；我们的南面，则是在近几年被誉为罗马之鹰的恺撒将军；而我们的正前方，则是率领众多兵士，将与我们寸土必争的，是克拉苏将军。这一次，我们被彻底包围了，我们将被迫与全罗马所有的军人、所有的将军，与他们所有的神话里所有的神战斗。”

人群有些骚动，但斯巴达克斯却用无与伦比的气势，压住了这一切的不安。

“自从我们即将要砸碎镣铐的那一刻起；自从我们还被困在加普亚、维苏威火山时起，我就告诉你们，这条道路的终点，将是我们鲜血的奉献，我们生命的奉献。现在，这一刻已经来临了！这一次，我们也要像，曾经好几次战胜罗马人那样，像在卡齐陵、阿坤那、福尔米耶还有卡茹恩特河畔，这所有的战斗一样，无畏地战死沙场！我们的事业是神圣的、是正义的，它绝不会随着我们的牺牲而灭亡。在走向胜利的道路中，我们必须流洒不少鲜血，伟大的理想只有经过忘我的斗争和牺牲才能胜利地实现。我们可能将要牺牲了，但是我们给后代留下了用我们鲜血染红的自由与平等的旗帜；我们点燃了引领前往自由与平等之路的火炬；我们率领着过去、现在、未来的人们，砸碎了手中的镣铐！旗帜不会倒下，火炬不会熄灭，此时此刻，我们英勇的战斗，就是他们未来将获得胜利的遗产与荣光！弟兄们，一步也不要后退！不是胜利就是死亡！”

“不胜利、毋宁死！不胜利、毋宁死！”起义军全体的战士们都沸腾了起来。

斯巴达克斯高举手中的短剑，在将军校场上高呼道：“自由，万岁！冲啊！”

“为了光明，为了自由！”

最后一次，起义军最后所有的十四个军团，在嘹亮的军号声中，整齐快速地列成战斗阵形。震天的战鼓、马匹的嘶鸣还有短剑敲打在盾牌上的“吭吭”声响彻着整片欧罗巴大陆！

“来啊克拉苏！来啊庞培、恺撒、卢古鲁斯、普勃利克拉！来啊罗马，所有天上和地狱里的神，来吧！与我，与斯巴达克斯，与这自由的意志，一决胜负吧！”

康尼克斯前锋突击；阿尔托利克斯左翼包抄；葛拉尼克斯两翼齐飞双向迂回，卡斯杜斯和印杜提奥玛尔稳住右翼与阿尔托利克斯形成互相攻防的掎角之势。

就让这一战永远铭刻在历史之上吧！

面对背水一战、英勇壮烈的起义军，克拉苏这八万由新兵和残军组成的罗马军，仅仅在一个回合之内，就被起义军推后近八千米。

即便是飞蛾扑火的一战，斯巴达克斯的战术依旧起到了非凡的作用。罗马军在阿尔托利克斯和印杜提奥玛尔的来回攻防交替进攻下陷入了不可逆转的混乱。他们退后的脚步不可遏制地越迈越大，强行拉起的纵深正在被起义军一点点撕成碎片。

“报告！斯巴达克斯元帅，四面出现大批罗马军队的旗帜，上面绘着一只展翅高飞的雄鹰。”

“是卢古鲁斯执行官！葛拉尼克斯，让你最英勇的骑兵队长玛米利乌斯率领一半的骑兵前去堵住他！最多再要一个小时，我们就能全歼克拉苏的军队了。”

“是，元帅大人！”年轻的玛米利乌斯头也不回地率领半数的骑兵，奋不顾身地冲向了足有二十万之多的、由卢古鲁斯执行官率领的米达梯斯远征军。

骑兵队的分兵，终于让克拉苏那一直被起义军钳制住的左右翼松了一口气。他立刻派出标枪手、投石兵和弓箭手压制住葛拉尼克斯的骑兵队，然后让自己的骑兵队从中间开始发动反冲锋。

斯巴达克斯敏锐地感觉到起义军的中军突然出现了一波可怕的震荡，那是英勇的康尼克斯战死了，他被罗马的骑兵用长枪钉在了地上。

斯巴达克斯暴喝一声，亲自冲了上去，顶在了康尼克斯原来的位置上。他挥舞着双剑，宛如一阵死亡的旋风，将任何胆敢靠近他的罗马士兵刮得东倒西歪。

又一阵军号声从克拉苏的背后响起，随即又是一排排绘着雄鹰的旗帜出现。那是普勃利克拉到了，他带来了从罗马赶来的生力军支援克拉苏。

普勃利克拉和卢古鲁斯的出现，让克拉苏的精神为之一振，他马上命赶来的罗马生力军攻击印杜提奥玛尔所率领的第九、第十、第十一军团。

眼看印杜提奥玛尔就要抵挡不住罗马军的冲锋，阿尔托利克斯立刻率领起义军里最精锐的第七和第八军团前来支援。那是从加普亚和维苏威火山时代起，就跟随斯巴达克斯的老兵们。

然而不幸的是，卢古鲁斯此刻已经全歼了企图阻止他的、由玛米利乌斯率领的一半起义军骑兵队。米达梯斯远征军用它那无比锋利的牙齿和坚强的胃，将这支英勇的骑兵队伍彻底吞没。

玛米利乌斯是最后一个战死的，他浑身是血，头盔被打落，在连续击杀了八个十夫长、两个百夫长后，被一排箭雨射下了马。

一路袭来的卢古鲁斯死死地压制住阿尔托利克斯，让他不能去援助印杜提奥玛尔。而葛拉尼克斯麾下最后剩下的骑兵们则被克拉苏的重甲长枪、标枪和投石兵组成的梯次战法给打得东倒西歪，建制全无。

“报！斯巴达克斯大元帅，庞培军团出现在我们的后方，他已经将我们的退路完全、全部地封锁住了！”

“放心，那并没有意义，因为我们从来都没想过要撤退！战士们，收缩阵形，冲啊！”

“自由，万岁！”

即使是深陷重围，死伤惨重，起义军还是用令人惊叹的执行力，一个又一个军团地连在一起。

即使身陷绝境“十死无生”，他们还在坚定不移地执行斯巴达克斯的每一个指令，就仿佛这是一场演习。

一阵标枪石雨刮过，葛拉尼克斯倒下了，一块巨石击中了他的胸口，但是很快，他的副手埃洛斯顿顶了上去，继续率领早已为数不多的骑兵们奋战。

不久后，起义军全阵又是一阵痉挛，印杜提奥玛尔终于倒下了，约莫二十把短剑穿过了他的胸膛，他的副手韦斯巴德尔顶了上去，不久后韦斯巴德尔也倒下了。此时，第十一军团的一个十夫长，年轻骁勇的乌洛比克斯站了出来，他一边奋勇地战斗着，一边指挥周围的起义军不断地向斯巴达克斯靠拢。

终于乌洛比克斯和斯巴达克斯背靠背地站在了一起，他们互相保护着对方的背脊，向着罗马人撒播死亡的种子。

忽然，又是一阵罗马军号的长鸣声，这一次，不用任何人来报告，斯巴达克斯都知道，那一定是威风凛凛的恺撒到了。

伴随着这声罗马军号长鸣的，是起义军中一位英雄的大笑声，那是阿尔托利克斯在倒下前最后的声音：

“斯巴达克斯，我在地狱的晚餐前，等着你！”

“阿尔托利克斯！”

“元帅，小心！”

斯巴达克斯发出一阵悲鸣，此时一阵箭雨袭来，乌洛比克斯腾空跳起为斯巴达克斯挡下了这一阵箭雨。

“元帅，来生，我还做你的战士！”

渐渐地，那宛若打铁的铮铮声小了下去。起义军最后只剩下了斯巴达克斯一人。

他在狂吼，他在愤怒，他一个人对付着七八百个敌人，他们组成了一个活的人环团团围住了他。浑身负伤的起义军领袖，站在几百具堆积在他周围的尸体间奋战。他的两眼闪烁着怒火，他的声音犹如雷霆；他闪电一般迅疾地挥舞着短剑，使所有的敌人都大为恐慌：他不但把他们打退、砍伤，而且把所有胆敢进攻他的人一剑一个地刺死。但是，一支从离他二十步远的地方掷来的投枪，使他左侧大腿受到了重伤。他用左腿跪在地上，把盾牌转向敌人，继续挥舞着短剑，用非凡的英勇精神击退他们的攻打。他好像一位愤怒的上古战神。他那威武的气概、魁梧的躯体，在罗马兵士中间，就像是受到肯塔乌洛斯人包围的赫克里斯一般。最后，从离开他只有十步远的地方掷来的七八支投枪，一齐刺中了他的背部。他一下子扑倒在地上，发出了他最后的一声呼唤：“范……莱……丽雅！”接着就断了气。亲眼看见他作战的罗马人都惊呆了，他们默默地围绕着他不敢靠近，即便他的短剑已经折断；即便他的盔甲已经破碎；即便他的躯体已经流干了血；即便他早已经遍体鳞伤、血肉模糊、不可分辨。

但他们知道，罗马人知道，他就是斯巴达克斯，他是。

……

战场，死寂。

一个人的黑影在这片荒野上移动着。他好容易才从散布在战场上的无数尸体中间穿了过来。

他小心翼翼而又缓慢地走向那片残酷的战斗延续得最长久的地方。

当月光落到那个黑影上时，那上面就迸发出晶莹夺目的闪光；那黑影显然是个战士，他的盔甲在月光的照耀下发出了反光。

“哥哥……哥哥……我亲爱的哥哥，你在哪儿，求求你……哪怕是一声脆弱的呼吸……求求你，哥哥！”

她是密尔查。密尔查趁着亲兵们照顾怀有身孕的范莱丽雅的时候，偷偷逃了出来。

她想见哥哥最后一面，可此时的战场，却是一片死寂。

突然，在这死寂的战场上升起了一声轻微的活人的呻吟声。密尔查赶紧竖起耳朵倾听。很快，这呻吟发出了第二声。

“阿尔托利克斯！”色雷斯姑娘发出一阵惊叫，她飞也似的扑过去，在一堆血肉中，看见了还未完全死去的爱人。

“密尔查！……我亲爱的密尔查！”

“啊！难道是你吗，阿尔托利克斯？！”密尔查在他身边跪了下去。她一面在他的脸上狂吻，一面用断断续续的声音叫道：“啊！你还活着！我尊崇的亲爱的阿尔托利克斯！也许，我还能救你……我可以用我的呼吸使你暖和起来……我可以把你的伤口包扎起来……把你运到安全的地方去……”

快要死去的阿尔托利克斯，在色雷斯姑娘温暖的嘴唇的接触和她的热吻的刺激下清醒了过来。他微微睁开两眼，用极其衰弱的声音说：“我们……我们已经碰面了吗？怎么……这样快？这么说，我们已经双双来到了爱丽赛（罗马神话里的极乐世界，类似凯尔特神话里的阿瓦隆、北欧神话里的瓦尔哈拉），我的亲爱的密尔查？可是，为什么……爱丽赛这么冷？”

“不，”充满了初恋的热烈爱情的姑娘一面抚摩他，一面叫道，“不，我们并不在爱丽赛极乐世界里……是我，我，你的密尔查……你还活着……而且还要活下去……因为我要你活……我需要你的生命！我的亲爱的，真的，你不是一定能活下去的吗？……”

高卢小伙子闭上了眼睛。他害怕这一奇妙的幻象会突然消失；但是姑娘的热吻驱散了他那昏迷的睡意，于是，他又睁开了眼睛。一刹那间，他的眼睛里迸出了生命的火花。他举起衰弱的手臂勾住了密尔查的脖子，柔声说：“这么说，这是真的，我还活着……而且，在我临死的时候……你还把你那……无可形容的甜蜜亲吻……赐给了我？”

“是啊，是啊，给你，给你，我的阿尔托利克斯！……但是你不能死……我是你的……你的……我的整个心灵都是你的！”密尔查说罢疯狂地亲吻着阿尔托利克斯，她几乎要把自己的头永远埋进阿尔托利克斯的胸膛里。

阿尔托利克斯的声音变得愈来愈轻微、愈来愈衰弱了。他能够积聚起来的最后一点生命力，已经被这阵欢乐的激动完全耗竭了。

“密尔查！”他吻着姑娘叫道，“我……要死了……”

色雷斯姑娘感觉到高卢小伙子的嘴唇在她自己的嘴唇上剧烈地颤抖了起来；同时听到了他沉重的喘息，知道她心爱的人就要断气，就低声说：“不！不要！你不要死……不！等我一下……让我们死在一起，让我们一起到爱丽赛……”

她从悬挂在阿尔托利克斯腰间的剑鞘中拔出了短剑。她毫不颤抖，坚决地举起短剑向自己的颈动脉刺去。鲜血顿时像泉水一般喷射了出来。

“等我，阿尔托利克斯，就这一下，就一下。”色雷斯姑娘说，一面紧紧地抱住心爱的高卢小伙子，鲜血将两人的躯体完全融合在了一起。

“你……你在干什么？！”濒死的阿尔托利克斯用好容易才听得出来的声音问。

“我爱你……我亲爱的阿尔托利克斯，我和你一起走……”

就这样，密尔查紧紧地搂住阿尔托利克斯。在经过一阵极短促的临死挣扎以后，他俩的灵魂就双双离开了人间。

……

第二天凌晨，克拉苏骑着战马来到了战场上。在这里，他挖出了六千四百个还没有死的起义军。残忍的克拉苏命医生将他们救活，三周后，把他们带到加普亚边上的维苏威火山，他要亲自审问这六千四百个起义军。

“你们想在战场上战死？没那么便宜的事！”克拉苏狞笑着。回应他的，则是维苏威山谷那空荡的回音。

“好吧！斯巴达克斯，我知道你是他们的领袖，你不会那么轻易地死的。你是我见过的最伟大的战士，我相信你就隐藏在他们之间，说，你们谁是斯巴达克斯？”

依然没人理他，山谷中，空空回旋着克拉苏愤怒的咆哮声。

“斯巴达克斯，只要你站出来，我就可以赦免所有人的性命，不然他们都要因你再死一次！”

这一次，一个伤痕累累，黝黑强壮，一头金发，色雷斯人模样的起义军战士站了起来说：“我是斯巴达克斯。”但是很快，另一个沙姆尼特人样的瘦弱小子也站了起来说：“我是斯巴达克斯。”

紧接着，高卢人、努米迪亚人……他们所有人，六千四百名起义军齐声说道：

“我是斯巴达克斯。”

一股抑制不住的愤怒从克拉苏的灵魂深处喷薄而出，

“好啊，那我就把你们全都钉死在十字架上，竖立在罗马道路的两旁，从加普亚一直排到罗马！”

然而奇异的事情出现了，就在这六千四百名起义军都被钉在十字架上的第二天，其中的一具尸体竟然不见了。

除了那具消失的躯体，剩余六千三百九十九名尸体都在十字架上！

惊慌失措的克拉苏喘着粗气来到失踪尸体的十字架旁，愣愣地看着只剩下血迹的十字架，一股莫名的恐慌从他心中升起。

在之后的岁月里，克拉苏不断疯狂地对其他异族用兵，终于在不久后死于一个不知名的蛮族士兵剑下。

……

“就这样，讨伐奴隶起义军的战争终于结束了。在这几乎持续了四年之久的战争中，被压迫的角斗士和奴隶们，用他们的勇敢精神证明，他们不仅是应当获得自由的人，而且是能够创造伟大功勋的人。尤其是斯巴达克斯，他在这战争中证明：他是世界上有史以来最英勇和最光荣的统帅之一。”

“可是，爷爷，你知不知道，斯巴达克斯到底去哪儿了？没有人找到他的尸体，空空的十字架，什么都没有！”

这是一个头发和胡子都花白了，拿着一根精工雕琢过的行路手杖的老人，在给一个宁静祥和的小村里的孩子们讲故事。

“没有人知道，包括我。有人说，斯巴达克斯根本没死，他在酝酿着更大的一场起义；也有人说，伟大的战神赫克里斯敬佩这位英雄的武勇，让他骑着那黑色的战马，威风凛凛地去了再也没有种族分别、没有战乱痛苦的爱丽赛。”

“哦！”孩子们有些失望地说道。这几天，这位优雅华贵的老爷爷一直停留在这里跟孩子们讲各种各样的故事。孩子们尤其喜欢斯巴达克斯的故事，在他们纯洁的心里，有着和这位大英雄一样憧憬的世界。

没有纷争、没有压迫、没有种族的分别。

“那样的世界，真的会到来吗？”一个小女孩问道。

“会的，我坚信，一定会的！”老爷爷坚定地点了点头，他的双眼直视远方，好像能看穿未来一般。

“扑哧！”一个年纪比较大，容貌英俊的男孩子有些嘲弄地说道，“喂！我说老头子，你怎么什么细节都知道那么清楚，你不会也曾是起义军的一员吧？哈哈，不用担心，现在早不是苏拉的年代了。要知道，我们伟大的奥古斯都大人，那是非常宽容仁厚的。总之，虽然流言蜚语，我是很相信他！毕竟他可是我的偶像，英白拉多大人意志的继承者啊！”

老人微微一笑，他拄着那根华丽精致的行路杖站起，随手整理了下身上细致的白袍。虽然他已垂垂老矣，日暮西山，但此刻这一站的威严，丝毫不减当年风采。

“有勇气的人，心中必然充满信念。没有诚实，哪来尊严。如果一个人能对着天上的事物沉思，那么在他面对人间的事物时，他的所说所想就会更加高尚。所以困难越大，荣耀也越大，这是我献给你们，在这伟大的国度里，最有前途的年轻人，最有前途的你们，最好的忠告。谦逊谨慎，多多思考。”

夕阳西照，金色的光芒洒在老者的白袍上，那耀眼的光芒，就连时间也会黯淡。

“我听过这话！我知道！”那少年一边一手遮住那耀眼的光芒，一边带着惊喜又不可思议地呼喊道，“难道，您是那位大人？！”

“是的，我就是吟游的诗人，西塞罗。”

尾　声

西西里岛的海岸边，一位美艳的希腊贵妇，手捧着一个装饰精美的罐子，温柔而忧伤地看着自己的两个孩子在海边玩耍。

那是一对相亲相爱的姐弟。两人都有着碧蓝色的眼睛和金黄色的头发。

良久，姐弟两人玩累了，纷纷回来，闭着眼睛依偎在母亲的身旁。弟弟有些好奇地一直抚摸着贵妇手里那个精致的罐子。

终于弟弟忍不住问道："妈妈，这里面装的是什么，你如此珍视，每一日都手捧着它不肯放下？"

美艳的贵妇用手轻柔地拂过儿子的脸颊和金发，柔声说："那是妈妈，也是你们一生最珍贵的东西，是决计不会忘却不能放下的。"

"那，妈妈，里面到底是什么？"

"里面装的是你父亲的骨灰。"

"父亲？父亲的骨灰？我的父亲，他是谁？"

贵妇的眼睛里已经满是晶莹的泪花，但她依旧用自认为最骄傲的声音说道：

"你的父亲，名为斯巴达克斯，一个令罗马人颤抖的名字。"

共和国卷三：

威尼斯与商人共和

上一章我们终于结束了古罗马时期斯巴达克斯为自由起义的故事。这是作者在整个历史系列中描述得最详细、最细节的，细节到每一个人物的对话、演说都描写出来，看上去就好像写小说一般。

当然啦，我早在一开始就给自己定下来规矩，乐麒说历史，在史实根据方面一定是严肃认真的，绝不会用演义小说的套路去胡编乱造。这个规矩，我是不会破的，而之所以这个故事会给人一种小说，或者戏剧的感觉，那是因为我原汁原味地还原了当时罗马人那种吟游诗人的记录和传扬历史的方式。可能有细心的读者朋友们已经发现了，关于斯巴达克斯的故事，我的文风整体都变了。

是的，这就是我的用意，这就是我想用来传达古罗马、古典共和时期的文化的方式。我将当年的文学情怀、当年诗人们传唱的事迹、当年古罗马的遗风包括他们是怎样说话、怎样表达，他们的建筑是怎样，语法是怎样的，我把这一切引领至此，供大家观赏。

而这一切，正是古典共和下的国家，古典共和下的人民，古典共和下发生的故事。

有趣的是，在古典共和这样一个总是被人误会成君主制、独裁制的政体，当它发展到末期的时候，竟然出现了一个非常别致的分支，并延续了有近一千年之久。

这就是我们今天的主角——商人共和。代表国家，威尼斯。史称威尼斯商人共和国。

事情是这样来的。在斯巴达克斯的起义被扑灭后，这一切的最大利益获得者克拉苏走上了罗马政坛的高处。他在不到一年的时间里，通过各种手段成为整个罗马的首富，接着他以强大的财力和权力为凭仗，对外发动了帕提亚战争，企图达到独裁者苏拉的位置。不幸的是，在他将要到达人生巅峰、复制苏拉的成就时，他意外地死于帕提亚战争的一支冷箭。

克拉苏的突然死亡让罗马的权力出现了真空，这直接给了早就野心勃勃且手握重兵的恺撒和庞培一个机会。然而，克拉苏本人虽死，但他残余的党魁依旧牢牢地把持住了罗马的元老院，他们纷纷表示愿意拥护主张保障贵族礼仪的庞培，反对主张改革维护平民权益的恺撒，并驱逐了两个支持恺撒的保民官，让庞培成了这一时期唯一的执行官大人。

此时，高高在上的元老院完全低估了罗马平民们的力量。绝大多数的罗马平民加上一些不被待见的公民们，在庞培当选执行官的第一天就纷纷倒向了恺撒。

在绝大多数人民的呼声中，恺撒率队归来。一场大战不可避免，恺撒和庞培，罗马共和国历史上最耀眼的双子星，终于在法萨罗斯碰在了一起。一场大战后，庞培战败身死。恺撒进入了罗马城，迅速武力控制了元老院，施行改革。

然而好景不长，贵族们对恺撒剥夺了他们许多的利益产生了巨大的不满。这种不满在日复一日的压抑中终于爆发了出来。公元前44年，也就是恺撒独裁的第五年，元老院联合大贵族们突然发难，在公民大会上刺死了恺撒，并将他的尸体晾在了广场上。

这一举动彻底激怒了罗马的平民阶层和军队。仅一年，恺撒的外孙屋大维就在平民和军队的呼声中杀入罗马城，将克拉苏和庞培一派遗留的贵族派全部屠戮干净，重建了罗马的秩序。

也是从这里开始，罗马政体开始变得有些模糊。名义上，这个国家还是共和政体，包括屋大维自己，都称是"第一公民"，所以它还是罗马共和国。但因整个元老院，包括之后出现的国家元首，终究是被控制在一个家谱上的血亲民族，所以才有后世学者认为，此时的罗马已经是帝国了。

关于"论屋大维执政后期的罗马是共和国还是帝国"这个问题，至少需要一篇一百页左右的论文来概述。这里作者就不详细说了。但你们要知道的是，被屋大维击溃并扫荡出罗马城的，那些旧时代的，坚持古老罗马制度的老元老们去了哪里呢?

传说那里气候宜人、四季分明，阡陌交通的内陆水道一边直通大海，另一边则可以轻而易举地到达欧罗巴大陆的任何一个地方任何一个民族。那里物产丰富，原住民民风淳朴，周围的城市和一些城邦们又都是些富庶文明的地方。

没错，那里就是威尼斯。这批被驱逐出来的老罗马人，就这样来到了他们曾经祖国的边境之地威尼斯，并在那里定居了下来。

回到罗马这边。在屋大维死后，强盛到顶点的罗马碰到了一个和我们中国老祖宗一样的问题——被蛮族人无穷无尽、没完没了地骚扰和打劫。

顺便一说，这个蛮族人还是我们汉人的老朋友，匈奴人。

罗马人又没有长城，奥古斯都大人又不是汉武帝，更没有那种要让老百姓们都能太平的大愿。面对步步紧逼的匈奴人，罗马的统治者选择的是收缩防线，保卫几大有着众多贵族居住的城市。其余地方，就放任这些强盗们蹂躏。

于是，越来越多平民感到不满和恐慌。为了生存，他们开始离开罗马，躲到这些匈奴人们不太去的地方。

这个地方是哪里呢？嘿嘿，巧了，威尼斯……

此时的威尼斯，凭借着优越的气候条件和发达的水道，已经发展成了一个颇具规模的城市。整座城市由当年迁徙至此的老罗马元老们的后裔组成的议会统治着。

本质上，在这段时期（公元元年至公元697年），威尼斯这个地方是无政府状态。

于是罗马贵族们继续与匈奴人纠缠；纠缠不下去的就都跑到威尼斯这里来避难。直到公元395年，积重难返的罗马终于迎来了大分裂，形成了西罗马和东罗马。

本已经实力大不如从前的罗马，在分裂后更加衰弱了。匈奴人，哦不，这时候人家衙门都修好了，应该叫匈奴王国的骑兵开始对西罗马发动可怕的猛攻。终于于公元476年，西罗马最后的奥古斯都，罗慕路斯被罢黜，西罗马灭亡，残存的西罗马贵族和元老们逃向了一个地方。

没错，这个地儿还是威尼斯……

对于为什么他们没去东罗马的首都君士坦丁堡而是威尼斯，这也让人十分费解。可无论如何，西罗马的陨落给曾经身上流淌着罗马人血液的威尼斯人敲响了警钟。经过上百年的发展，威尼斯依靠大量港口流通已经变成了一个非常富饶的非世外桃源之地了。此时的威尼斯人铸造了值得信赖的、专门用来贸易的“达克特”金币。他们拥有在当时超前的复式簿记法，银行业务，虽然高层政府一直是大商人贵族阶层，但是他们始终不遗余力地扶植中小商人。这一举措，让所有的威尼斯人都变得无比团结。

此时的威尼斯就好比一个装满了金子的大庄园，而这个大庄园却没有自己的门。

而那些残暴的匈奴人在消灭了他们最强大的老对手后，正在虎视眈眈地对着这个大金库垂涎三尺呢！

为了维护这座城市的财富，也为了这座城市上百年来的和平。威尼斯的元老议会决定推举这样一个人。这个人必须来自威尼斯最富裕的家族，也因此，他拥有动用这座城市里所有财富的权力，并且他要发誓终生都要不惜一切代价地保卫这里。

这个人，他不是国王，不是总统，不是皇帝，不是执行官，不是英白拉多，更不是奥古斯都，他与传统意义上的一切国家领袖都不一样。

这个人，就是威尼斯的统治者，总督大人。公元697年，来自拜占庭的海上将军，乌尔索斯成了威尼斯商人共和国的第一任总督。

有意思的是，或许是根深蒂固流淌在威尼斯人身体里的罗马人血统，威尼斯最早的历史中，他们的领袖并不叫“总督”，而是依然沿用了古罗马共和国时期的“执行官”一词。一直到十一世纪初才变更为“总督”。

在总督的带领下，威尼斯的大小商人们纷纷出力，在家园的几大水道附近修建了大大小小各种坚固的要塞和铁炮据点。不仅如此，他们还打造了属于自己的海军舰队，用以保护商人们海上商队的安全。威尼斯海军舰队的强大，那时连索马里和加勒比的海盗们都闻风丧胆。在威尼斯商人共和国的全盛时期，就连我们中国古代的宋、元、明、清四朝，都与之有热烈的商业往来。中国的瓷器、茶叶、绢布和香料就是这样源源不断地通过威尼斯的商队流入了欧洲。

哦对了，还有那个著名的马可·波罗，就是来自威尼斯。

从公元十一世纪到十七世纪，威尼斯的商队几乎踏足了整个欧罗巴大陆和亚洲大陆。他们集合大量资产构建的屏障，让欧亚大陆上那些贪婪的蛮族们望而却步。他们积攒下来的财富，就连欧洲在人间的神，教皇陛下也无法与之比肩。商业，在这里已经不仅仅只是经济，更是威尼斯的外交手段。虽然威尼斯有着最强大的海军和忠心耿耿的商人，但每一任威尼斯的总督都从刚愎自用的罗马衰落的历史中吸取了教训。威尼斯想要永远这样富裕和平下去，就必须与这片大陆上所有的势力保持良好的合作关系。

这个合作就是商业，所以威尼斯商人共和国不仅仅是人类历史上最早、时间最长的商人共和国，也是欧洲历史上第一个使用国与国之间的贸易来达成民主和和平的国家。这也是为什么在接下来的一千多年的岁月里，无论是教皇的时代还是欧洲诸王的乱世纷争，都与这个美丽的水乡小镇无关。在动荡飘摇的时局里，威尼斯一直是一个安静的观察者，每一天的商队往来频繁，平安顺利。

直到1797年，伴随着法国大革命，法兰西共和国宣布脱离教皇的统治，那个男人横空出世，向全欧洲宣战。

对于神圣罗马教皇来说，这场战争是你死我活的宗教战争；对于那位未来的法兰西的皇帝来说，这是一场必须掠夺财富的战争。

不管威尼斯是因为隶属于神圣罗马教皇，而被卷入了这场宗教的战争；还是因为超级的财富而让拿破仑眼红而被迫反击这场掠夺的战争，威尼斯终于再也不能袖手旁观了。海上的商队之国派出了自己最强大的舰队，三百零九艘战舰在爱琴海上迎战那个不可一世的战神。

传承至古罗马的荣耀，辉煌灿烂的过去，一千多年岁月的重担压在了护国的鲁多维科·曼宁总督那披满银发的肩上。威尼斯的战舰们，头顶着圣人马可的光辉旗帜，在连天的炮火中挣扎，直到这一切都消弭在了可怕的战火之中。

公元1797年5月12日，威尼斯共和国鲁多维科·曼宁提督战败，迫使议会决定向法兰西共和国无条件投降，并献上半数以上的国库。

就这样，那个男人，带着这一千年积攒下来的财富，锻造了无数火炮战舰，发动了更加宏伟的战争。不仅是威尼斯，包括神圣罗马教皇，包括那片终日被冰雪覆盖的西伯利亚平原，都将被他拖入火海……

回望去，世间再无威尼斯，再无商人共和，再无古罗马……